仕事“筋《きん》”トレーニング No.7

会社を継いだ男たち

ドキュメント 2代目の挑戦

清水 泰 Yutaka Shimizu

Pan Rolling Library

はじめに

本書は、15人の2代目社長（正確に言うと3代目や4、5代目もいる）を取材し、〝変革〟の時代に家業を託された彼らの挑戦の軌跡を追ったものである。

会社を継ぐまでの経緯や先代との関係、挑戦したビジネス課題は一人ひとり違う。だが、全員が自らの能力と意志で社長の座をつかみ、リスクを取って改革を成し遂げた点は共通している。

同族企業の2代目社長だからといって、彼らが経営課題をたやすく解決できたわけではない。ビジネス環境も顧客ニーズも、創業者の時代とは様変わりしている。著者には、彼らの挑戦の軌跡が、日々の業務に励みながらも、会社のあるべき姿と現実との狭間で苦悩するビジネスリーダーの姿に重なって見える。

責任感が人一倍強いがゆえに、社内改革の必要性を痛感している読者のみなさんには、本書を通じてあるべきビジネスリーダー像を感じとり、今後の行動やビジネスパーソンとしての成長に役立ててほしいと思う。

世襲には、経営の私物化といった反対意見が根強くある。会社が成長し、株式を公開した上場企業ともなればなおさらだ。企業経営にかぎらず、世襲が組織におよぼす弊害は少なくない。

一方で、同族経営に関して誤解があるようにも思う。

経営の難しさを熟知する先代経営者は、能力のない身内に継がせるほど愚かではない。経営者修業に耐え、結果を残した人間だけが、後継者として認められるのだ。中小・中堅企業の世襲は、手段であって目的ではない。本書に登場する15人は、己に期待される役割を現時点において果たした男たちと言える。もちろん、その陰では、会社を潰した多くの2代目社長がいる現実も忘れてはならない。

多忙な業務の合間を縫って取材に応じていただいた2代目社長の方々、連載の場を与えてくれた㈱ちばぎん総合研究所、㈱芳林社の中島健夫氏とＡＢｓｔｕｄｉｏの柳井一隆氏に、この場を借りて心より御礼申し上げる。

２００８年７月

清水　泰

【目次】

本書は、㈱ちばぎん総合研究所が発行する『MANAGEMENT SQUARE』内で、2007年1月号〜2008年5月号に連載された企画「二代目の挑戦」をもとに、加筆・修正・改題を行い文庫化したものです。

本文Photo：AB Studio（P.177を除く）

第1章　継ぐべくして継いだ男たち

チャレンジなくして成功なし

プラス株式会社

代表取締役社長　今泉嘉久（いまいずみ・よしひさ）

プラスはオフィス家具や文具、事務用品などを幅広く製造・販売すると同時に、文具通販のアスクルをはじめとした、いくつもの優良企業をグループに抱える。

１９８３年、創業者である父が急逝し、副社長だった今泉嘉久が２代目社長に就任した。これを機に文具卸から製造業へ本格進出すべく、全国的な販売網の整備を推進するも挫折。この最大の失敗を糧に「顧客満足を実現する」アスクルのビジネスモデルを生み出した。

「お客様のもの」と他社製品の取り扱いを決断

「プラスのためのアスクルか。それともお客様のためのアスクルなのか」

アスクル事業の開始から4年目を迎え、プラス社長の今泉嘉久は自問自答を繰り返していた。この事業は、プラス製品の拡販が目的だったからだ。

そもそもの目的に照らせば、答えは決まっている。だが、初年度の売り上げは2億円。2年目が6億円で、3年目は19億円、4年目には56億円と予想以上の急成長を遂げた。アスクル事業の成功要因は、「CS（顧客満足）の追求」にある。

現場からは「他社製品を積極的に扱いたい」という声が上がっていた。一方で、最初は疑心暗鬼だったプラス社内のアスクルに対する期待も急速に高まっていた。

「私自身のなかでさまざまな葛藤がありましたが、『お客様のためのアスクルだ』と、他社製品を積極的に扱うことを決断しました」

1997年には、社内の一事業部だったアスクルを分社化。5年目の売り上げは100億円の大台を突破した。他社製品を積極的に取扱品目に加えたアスクルはその後、東証一部上場を果たす。2007年5月期の売上高は、1762億円に達した。

「プラス製品といえども、他社に価格面などで負けていた商品は、容赦なくカタログから外されました」

その結果、ピーク時には250億円あったプラス文具製品の売り上げは、約150億円に減少した。だが、利益は実にピーク時の10倍。他社製品との厳しい競争を勝ち抜いた少数精鋭の150億円は、

「以前が鉄の250億なら、今は金、ひょっとしたらダイヤモンドの150億円」

と今泉は言う。

トップメーカーのまねをして失敗

「明日来る」に由来するアスクルのサービス誕生までには、10年間の遠回りが必要だった。

83年4月、先代の父が急逝。先代は1年後に会長に退く意思を固めており、副社

長だった今泉の心構えはできていた。40歳で継ぐべくして会社を継いだ。

「プラスを良い会社にしたい」

新社長らしい一念から競合他社を徹底的に研究し、トップメーカーとの決定的な違いに気づいた。「販売力」である。トップメーカーは全国数十カ所に販社を持ち、地元の有力な卸業者とスクラムを組んで強力な販売体制を築いていた。

ここで、今泉は大きな賭けに出た。地元の異業種企業と組み、一気に25もの支社・営業所を全国に新設したのである。

同社は文具卸として創業し、先代の時代に製造卸へと発展したが、実質的には卸会社のまま。今泉は製造業へ本格進出すべく、委託生産主体から自社生産体制への移行を決断する。86年には文具、事務用品の自社工場を構えていた。工場の稼働率を上げるためにも、販売力の強化が不可欠だったのだ。

「大失敗でした。22拠点では赤字が続き、累積損失が本体の経営にも影響を及ぼすほど膨らんできたので、最終的には撤退せざるをえませんでした」

失敗の原因を挙げればキリがない。製品力を強化しないまま、人海戦術で販売拠点の整備だけを優先したこともそうだが、決定的な要因は〝下位企業が業界トップの確立されたビジネスモデルをまねしようとした〟ことにあった。

今泉は、

「私はまねではなく、どれだけ離れるかを考えるべきだったのです」

と最大の失敗を振り返る。

CSとSSを一致させるアスクルの誕生

会社の経営状態は悪化している。経営者に事業撤退で落ち込んでいる時間はない。必死だった。考え抜いた末の結論が、アスクルを生んだ。CSを徹底して追求するビジネスモデルの誕生である。

トップメーカーは流通を支配することで、実績を上げている。今泉は視点を変え、消費者に喜んでもらえるサービス・販売方法は何か、と考えたのだ。

「良い製品（品質）を安く（価格）早く（納期）提供できれば、消費者に喜んでもらえるはず。問題は『安く早くを実現する』と同時に、原則的に相反する『CSとSS（供給者満足）をいかに一致させる』かでした」

早く、安くを供給者の犠牲で実現させても、結局は長続きしない。それより業界にある数々のムダを排除することによって、早く、安くを実現させるべきだと考えたのである。

そのためにまず、業界における業務の作業手順をひとつひとつ書き出し、チャート図を作成した。昔からの商習慣という理由だけで行われている重複行為が、驚くほど存在していることが分かった。

「例えば、外商専門の卸し。文具店の多くは在庫を持たないため、顧客から注文があるたびに発注する『受注ごと発注』が基本。製品がユーザーに届くまでに最低でも3回の受発注、そして物流が必要でした」

今泉はこれらの重複行為を排除し、すべての業務を最小化するシステムをつくり出した。

これが93年3月にスタートしたアスクル事業であった。

アスクル本部が受注した製品を物流センターからユーザー企業のオフィスへ直接配送する。受発注や物流を1回にすることで、コストの大幅削減と翌日配送を可能にした。受発注と配送のコストはアスクルと販売代理店で分け合う。

プラスは販路を拡大し、代理店となった文具店は受発注業務などの煩わしさから解放される。消費者には良い品が早く、安く届くという新しいビジネスモデルの誕生だった。

家具事業の再建に着手

06年11月、東京・赤坂の一等地にオープンした「+PLUS（プラス・プラス）」。同店舗は「10万点を超えるオフィス家具製品を200坪で展示・販売する」従来なかったビジネスモデルを世に問う、今泉の新たなチャレンジである。

ガラス張りの店内の目立つ場所に、色や形の異なる30枚の机の天板がオブジェのように吊るされ、その下には同じく30種類の脚が掛けられている。実際に天板と脚を組み立てたサンプルを展示するほか、数十万点の組み合わせをシミュレーションした三次元画像が見られるスペースも用意した。プラス製品を中心に、イタリアやカナダなどの輸入家具も扱う。

「会社はみな違うにもかかわらず、オフィス家具は無機質で画一的です。国内のオフィス家具市場はバブル期の６０００億円から半分程度に縮小していますが、当社では、＋ＰＬＵＳを通じて有機質なインテリアの提案をしていく独自のやり方で、家具事業を建て直すつもりです」

今泉は文具の流通革命を成し遂げ、プラス文具事業の建て直しに成功した。しかしその間、最大の投資を行ったオフィス家具事業への取り組みが遅れていたのだ。

色合いや質感が重要な家具は実物の展示・販売が理想だが、全国に大規模ショールームを整備するのは現実的に不可能。日本はおろか、世界のどのメーカーも実現できていない。だからこそ挑戦のしがいとビジネスチャンスがある。省スペースで実物や完成形を確認しながら注文できる＋ＰＬＵＳは、ＣＳとＳＳを一致させた業界世界初のビジネスモデルと言える。

社名に託した創業者の想い

プラスでは失敗を恐れず、会社の形やビジネスモデルを変えることもいとわない。この経営手法は、創業者の父が社名に込めた想いを受け継いだものだ。

先代は1959年（昭和34年）に千代田文具からプラスへと社名変更した。当時は、〇〇鉛筆や〇〇商事のように社名には業種、業態を表す言葉を用いるのが一般的だった。しかし、創業者は、単に「プラス」と名づけた。一見、文具を扱う会社とは分からない社名である。

高校生だった今泉は理由を尋ねた。

「こうしておけば、将来どんなことでもできるだろ」

父はこともなげに答えた。

この精神がプラスのバックボーンとなり、柔軟性の高い経営を支えている。

プラス株式会社

所在地：東京都港区虎ノ門4―1―28
虎ノ門タワーズオフィス12階
創業：1948年
資本金：13億2130万円
売上高：2771億円（07年5月期、連結）
従業員数：約3881人（07年5月現在、連結）
業務内容：オフィス家具、文具、事務用品などの製造・販売ほか

■プラスの歩み

1948年　千代田文具㈱を設立
1959年　現社名に社名変更
1986年　本格的に製造業へ進出
1990年　オフィス家具工場を核としたプラスランドの工事に着工

１９９３年　アスクル事業を開始
１９９７年　アスクル㈱を設立
２００６年　「＋ＰＬＵＳ」を赤坂にオープン

■今泉嘉久プロフィール

１９４２年　東京都に生まれる
１９６５年　慶應義塾大学商学部卒業
１９６６年　米ニューヨーク州イサカ大学商科卒業
　　　　　　プラス㈱入社
１９７２年　取締役
１９８１年　代表取締役副社長
１９８３年　代表取締役社長に就任
趣味：別荘の庭の手入れ
好きな言葉：チャレンジ

危機感が後押しした大胆な決断

株式会社メニコン
代表取締役社長　田中英成（たなか・ひでなり）

コンタクトレンズメーカー国内最大手のメニコン。

先代の創業社長は、日本で初めて角膜コンタクトレンズの実用化に成功した「業界の伝説的な人物」でもある。長年業界をリードしてきたが、大手外資系メーカーの参入や使い捨てレンズの普及などにより、90年代後半は深刻な業績不振に直面していた。

2000年、創業者の息子である副社長の田中英成が社長に就任。社内の抵抗を押し切ってトップダウンで導入した「メルスプラン」が会社の危機を救った。

トップダウンの改革を決意する

１９９９年暮れのこと。田中英成は、先代の恭一社長に迫った。

「今のままではメニコンの将来はない。自分が社長となり、改革を断行する」

「分かった」

と先代は快諾した。

現在は定額制コンタクト「メルスプラン」として市場に定着するコンタクトレンズのサポートシステム導入を、田中が最初に提言してから足かけ3年の月日が流れた。その間に、会社の業績はさらに悪化していた。

リスクを取らないボトムアップ型の意思決定に業を煮やした田中は、トップダウンの改革を決意する。翌年の株主総会を経て、田中をトップとする新体制が正式に発足した。

主力事業となったメルスプランの導入が、遅々として進まなかったのには理由がある。メルスプランを全社導入することは、業界に浸透していた「物販（レンズの販売）」のビジネススタイルを抜本的に変えるに等しかったからだ。

コンタクトレンズ業界を取り巻く環境が激変しつつあった96年、同社は経営戦略プロジェクトを発足させている。使い捨てレンズの需要拡大など、時代の変化に対応できる企業経営を模索していたのだ。

メルスプランのアイデアは、同プロジェクトにも参加していた田中の発案だった。

「瞳の健康を守り続ける」メルスプラン

メニコン独自のメルスプランは、入会金と月々定額の会費を支払えば、最初に提供する2枚の高品質レンズと1年ごとの新品交換が可能。さらに、破損や取り替えといったレンズに関するほとんどのトラブルを眼科医の判断のもと、長期にわたってサポートする仕組み。

会員は全国約1500の加盟施設（眼科に隣接されている）のどこでもサービスを受けられる。従来のビジネスでは、コンタクトレンズを消費者や得意先に販売するのが目的である。

だが、同プランでは「瞳の健康を守り続ける」ための手段としてレンズを提供し、さまざまなサービスで消費者をサポートする。

「消費者は医療機器であるコンタクトレンズを常に良い状態で使い続けられる。メーカーと加盟施設は良い商品・サービスを消費者に提供することで、価格競争を回避でき、安定的な収入を得られる。みなにメリットがある仕組みなので、絶対に会社をあげて取り組むべきだ」

そう田中は確信していた。

しかし、アイデアはいっこうに具体化しなかった。

会社を救うには権限が必要

待つ間に、田中は社員たちの言う「検討中」とは「検討していない」ことで、「難しい」は「やりたくない」という意味だと実感した。99年頃、渋る小売部門の責任者に、直営店での導入を役員の権限で「命令」した。導入してみると案の定、顧客の評判は上々だった。低迷していた直営店の業績も回復に転じはじめたのだ。次いで外部の老舗販売店への導入を計画するも、容易には受け入れられなかった。とにかくやってみようと導入した老舗販売店での成功が、流れを変えるきっかけとなった。

残る抵抗勢力は社内だけ。会社を救うには、社長の権限が必要だったのだ。2代目就任の翌年、メルスプランの全社導入が実現する。08年6月末現在の会員数は80万人に達し、メルスプラン関連の収入が同社売上の約半分を占める。

50年の成功体験が招いた油断

田中は医学部を卒業後、眼科医として病院に勤める傍らメニコンの顧問でもあった。「いつかは会社を継ぐ」という思いは常にあった。94年、直営店に隣接する眼科を開業したのを機に、取締役として入社した。

コンタクトレンズは、使用・購入に医師の検査・診断などが必要な医療機器である。安全性第一の商品のはずなのだが、大手外資系メーカーなどが提供する単価の安い使い捨てレンズの需要が伸びていた。眼科医の間では、「年間のコストは高くつくし、消耗品感覚で使用すると目を傷めるリスクが高くなって普及しない」との読みが主流だった。

残念ながら、予想は外れた。

日本初の角膜コンタクトレンズの実用化に成功し、〝高品質レンズの開発・生産販売〟で成長してきたメニコンにとっても、大きな誤算だった。

「善し悪しは別として、コンタクトレンズは量販店などで大量に売られる価格競争の時代になっています。技術開発力がありながら、市場の変化に対応できなかったのは、過去の成功体験が招いた油断でした」

と田中は率直に経営の誤りを認める。

90年代後半、同社のレンズは安売りの目玉商品にされるケースが目立ち、売上・利益ともに減少。値引きしない直営店の業績不振も深刻だった。田中がマーケティング担当のときには、小売店で安全啓発のプロモーションを企画実行したこともある。だが、期待したほどの効果は得られなかった。

もはや小手先の改革では太刀打ちできない。現実を思い知らされた田中は、価格競争とは一線を画す販売方法とは何かを考え続けた。その結果が、「メルスプラン」だったのだ。

「開発命」は創業以来の伝統

ビジネスモデルの転換に匹敵する大ナタを振るった田中だが、創業以来「開発命」の姿勢は変わらない。

「安全性を追求し研究開発投資を優先するため、目先の利益が犠牲になることもある」

同社の研究開発重視を象徴する施設が、コンタクトレンズを中心に眼科医療全般にわたる製造技術の開発拠点「メニコンテクノステーション」（岐阜県各務原市）である。02年に設立され、市場ニーズの多様化や商品ライフサイクルの短期化、レギュレーション（規則）の複雑化などに対応する。

素材から製品化、ケア用品までの一貫した自社研究開発力を高めると同時に、主に素材研究を行う「総合研究所」、主力製造拠点の「関工場」との連携、情報共有の強化を実現する、よりスピーディーな研究開発体制を整えた。

海外販売強化でコスト競争力を高める

売上比率の90％を占める国内販売の拡大はもちろん、田中には海外販売を見越してコスト競争力を高める狙いもある。

国内市場は使い捨てレンズの需要は増加しているものの、少子高齢化で市場規模の大幅な拡大は見込めない。同社はフランスとドイツに生産拠点を持つなど、海外にも進出しているが、アジアなどの成長市場の開拓はこれからだ。

「最初からグローバル販売を前提にレンズ開発することで、品質を落とさずにコスト削減を図っていく。5年以内に海外比率を30％に引き上げたいと考えています」

品質へのこだわりは、製造技術からもうかがえる。

コンタクトレンズの製造に関する全情報を集中管理する徹底した品質管理。ミクロン単位の超精密加工技術を駆使してつくられるメニコンレンズの製造情報は、細部までコンピュータで管理・記録されているのだが、最終チェックは今も人の眼で一枚一枚行う。まさに「瞳の健康を守る」同社の意志を感じさせる製造現場の光景だ。

メルスプランの会員数増加に伴い、05年3月期の決算では3期ぶりの黒字化。08年3月期も4期連続で経常利益を計上した。

メニコンは田中の2代目就任によって苦境を脱し、次の成長に向けた土台が築かれたのである。

株式会社メニコン

所在地：愛知県名古屋市中区葵3―21―19
創業：1952年
資本金：17億6934万円
売上高：316億円（08年3月期）
従業員数：844人
業務内容：コンタクトレンズ・ケア用品の開発・製造・販売ほか

■メニコンの歩み

1951年　先代が日本初の角膜コンタクトレンズの実用化に成功
1952年　日本コンタクトレンズ研究所創設
1957年　日本コンタクトレンズ㈱を設立
1979年　日本初の酸素透過性ハードコンタクト「メニコンO2」を発売
1987年　現社名に変更
1997年　世界最高レベルの酸素透過性を誇るハードレンズ「メニコンZ」を発売

２００１年　新会員制システム「メルスプラン」を導入
　　　　　　創業50周年
２００２年　メニコンテクノステーションを設立
２００８年　新素材シリコーンハイドロゲルによる
　　　　　　「メニコン２ＷＥＥＫプレミオ」を発売

■田中英成プロフィール

１９５９年　愛知県に生まれる
１９８７年　愛知医科大学医学部卒業
１９９４年　㈱メニコンに取締役として入社
１９９８年　常務取締役
１９９９年　取締役副社長
２０００年　代表取締役社長に就任
２００５年　フランス国家功労勲章受章

趣味：音楽・映画鑑賞
信条：何事も前向きに考える

一代一創業の夢を追う

チロルチョコ株式会社
代表取締役社長　松尾利彦（まつお・としひこ）

全国のスーパーやコンビニで常に数種類が売られる一口サイズの「チロルチョコ」。

冬季限定の「チロルチョコ　きなこもち」は、シーズンの売り上げが20億円を超える史上最大のヒット商品だ。福岡県に本社を置く松尾製菓がチロルチョコの製造に乗り出したのは、40年以上も前のことである。

1991年、2代目が病に倒れたのを機に、松尾利彦が3代目の社長に就任した。

2004年には企画・販売部門を独立分社化したチロルチョコを設立し、東京にオフィスを構えた。老舗ブランドの革新に成功した3代目は、一代一創業の夢を追い続ける。

変化しなければ生き残れない

80年代、松尾製菓は時代の変化に対応する必要に迫られていた。子どもの数は減少し続け、チロルチョコの主要な販売先である駄菓子屋の数も減っている。しかも、福岡県に本社を置く同社の販売エリアは、ほぼ名古屋以西に限られていた。

出向先の大手食品会社から戻って数年後、当時開発担当だった松尾利彦は三拡運動を提唱した。①販売チャネルをスーパーやコンビニに拡大する②販売エリアを全国に拡大する③購買層を子供から大人までに拡大する、という3つの事業方針である。

「現状のまま放置すれば、いずれ会社は行き詰まる。2代目がつくり上げたチロルチョコを次の時代に残す選択肢はひとつしかなく、実行するかしないかのどちらかだと思っていました」

時代の変化は誰の目にも明らかで、客観的な数値でも証明されている。出向中は東京でスーパー向けの営業担当だった松尾には「変化しなければ生き残れない」という確信があった。

だが、社内の危機感は必ずしも強くはなかった。当時はまだ相当数の駄菓子屋が存在していたし、三拡運動の実践にともなうリスクを不安視する声も多かったからである。

主要販路を駄菓子屋からスーパー・コンビニへ

全国進出となれば、各地に営業拠点を新設するコストが発生する。納入価格も、スーパーやコンビニ向けの場合、駄菓子屋より安くなってしまう。

しかも、松尾が重視するコンビニへの納入には、「売れている」という実績が欠かせない。2代目の父からも「そんなに無理してどうする」と、真っ向から反対された。

松尾が実績をつくる機会をうかがっていたある日、一人の営業社員の粘り強い交渉が実を結び、北海道のセブン-イレブンで一冬に限って置いてもらえることが決まった。

「チロルチョコのテスト販売は好調で、全国のコンビニ販売に進出するきっかけとなり、やがて社内の反対もなくなりました。商談をまとめた社員が65歳で退職したときには、その多大な功績に対して表彰しました」

三拡運動を推進していた91年、2代目が病に倒れた。長男として「いつか父の後を継ぐ」つもりだった松尾が、松尾製菓の3代目社長に就任。創業88年目の老舗企業とチロルチョコブランドを引き継いだ。

祖父と父の二世代で創業

松尾製菓の創業は1903年。現在の福岡県田川市で松尾利彦の祖父・松尾喜四郎氏が、炭鉱労働者向けの菓子製造業を興したのが始まりだ。さらに2代目の父・松尾喜宣氏が、会社発展の礎を築いた。62年、チロルチョコの製造開始である。

先代の決断によって、松尾製菓はまんじゅうなどをつくる1000坪もない町工場の会社から、炭鉱跡地に建設した1万5000坪のチョコレート工場を持つ企業に生まれ変わった。

あらかじめチョコレートの製造技術があったわけではない。工場建設、製造機械を含め、すべてがゼロからのスタート。初代に続く、2代目の実質的な〝創業〟であった。

「私は小学生で、父は40代。父と祖父は、私と父の何倍も経営に関して衝突していました。あとになって思うことですが、経営状態が苦しいなか、祖父との軋轢も乗り越え、新規事業に挑戦した父の姿勢に、強烈な起業家マインドを感じます」

松尾が三拡運動を実行する際の決断とも、相通ずるものがある。大学を卒業し、父の勧めで米国に留学。帰国後の77年、松尾製菓に入社したときには「将来の社長就任は規定路線だった」と言う。

先代の決断で知る社長という存在の重さ

発売当時、細長い3つ山のチロルチョコを10円で販売していた。順調に売り上げを伸ばしていたが、石油ショックの影響で値上げせざるをえない状況に追い込まれた。74年に20円、その2年後には30円へと値上げされた。

販売不振が続いた。2代目は、子供がお小遣いで手軽に買える価格に戻すため、3つ山のチョコをひとつにし、現在の原型を完成させた。

79年、10円のチロルチョコに原点回帰し、ようやく、会社＝チロルチョコブランド存亡の危機を乗り切ったのだ。10円に値下げして販売個数が増えなければ、単純計算すると売り上げは3分の1に激減してしまう。松尾もこのときの意思決定会議に出席していた。

「社員から父のような大胆な意見が出ることはありませんでした。会社のことをそれだけ真剣に考えているのは、社長だけなのだと勉強しました」

父と祖父を見て育った松尾が意識する3代目の使命。それは〝会社の発展的継承〟と〝一代一創業〟を成し遂げることである。

マーケティング活用を本格化

社長就任後は、マーケティング戦略の活用による商品開発を本格化させた。形状が決まっているチロルチョコでは、味やパッケージデザインの変化が売り上げに大きく影響する。

定番商品の「コーヒーヌガー」と「ミルク」を除くほとんどの商品は、毎年・毎シーズン入れ替わる。売れ行きが芳しくない商品は、ワンシーズンで製造中止となる。

こうした仕組みは駄菓子屋時代にもあった。だが、POSシステム完備のスーパーやコンビニ販売にシフトした現在は、よりスピーディな商品開発とヒット商品開発の精度向上が求められる。

「アイデアは主に開発室のスタッフ数人と私自身で考えます。取引先などから企画のヒントを得て、そのイメージを膨らませて具体化することが多いですね」

史上最大のヒット商品となった、03年発売の「チロルチョコ　きなこもち」。スタッフから上がってきた商品企画だが、成功要因のひとつは松尾の判断だった。数種類を袋に詰めたバラエティパックの一種類として売る予定を変更し、単品での販売を決めた。

社長の松尾がコンビニのバイヤーと商談している最中のことだ。商談相手のバイヤーが「面白いから単品売りにしてはどうか」と言ったのだ。

「やってみたら大化けしました。市場の動きを敏感に察知するには、やはり九州ではなく東京のほうが有利だと思いました」

市場重視で東京にオフィスを構える

松尾製菓が創業100周年を迎えた翌年の04年、松尾は企画・販売部門を独立分社化したチロルチョコ㈱を設立した。

東京にオフィスを構え、松尾製菓とチロルチョコの社長を兼務する。先代は社長が福岡を離れることに反対したが、役員は賛成だったという。松尾には、東京の膨大な情報は市場の最新動向を探ったり、マーケティング構想を練るうえで欠かせないという確信があった。

社長就任前には三拡運動でチロルチョコを全国区に押し上げ、就任後はマーケティング重視でブランドの革新に成功した。しかし、初代と2代目が成し遂げた〝一代一創業〟はいまだ暗中模索の状態である。

その夢を叶えたとき、3代目の松尾は心おきなく後継者にバトンタッチするつもりだ。

花よりだんご
花よりだんご
花よりだんご
MIX
MIX

チロルチョコ株式会社

所在地：東京都千代田区神田錦町3—23
設立：2004年
資本金：5000万円
売上高：96億円（08年3月期）
従業員数：約50人
業務内容：チョコレート商品の企画・販売

■チロルチョコの歩み

1903年　福岡県田川市で初代が菓子製造業を創業
1919年　松尾製菓㈱を設立
1943年　満州で北満製菓㈱を設立、終戦まで操業
1945年　菓子製造を再開
1962年　チョコレート部門を新設。「チロル」のブランド名で売り出す
1986年　コンビニへの販売を開始

1989年　チョコレート新工場完成
2003年　松尾製菓創業100周年
2004年　チロルチョコ㈱を設立（企画・販売部門を独立分社化）

■松尾利彦プロフィール

1952年　福岡県田川市に生まれる
1975年　慶應義塾大学法学部卒業後、米国留学
1977年　松尾製菓㈱入社
1980年　ヤマザキナビスコ㈱に出向
1985年　常務取締役
1991年　代表取締役に就任
2004年　チロルチョコ㈱代表取締役社長に就任

趣味：ドライブ、芸術観賞
好きな言葉：夢は叶う

本格メーカーへの道筋をつけ後継者に託す

株式会社光岡自動車
代表取締役社長　光岡章夫（みつおか・あきお）

２００６年10月、富山市に本社を置く光岡自動車は、国内メーカーとしては16年ぶりとなる高級スポーツカー「オロチ（大蛇）」を世に送り出した。誰もが驚く圧倒的な存在感が特徴の和製スーパーカーには、同社のクルマに対する夢やあこがれが込められている。

オリジナル車開発で知られる同社だが、中古車販売やディーラー事業が売上の大半を占める。

長兄の創業者に代わって2002年10月、三男の光岡章夫が2代目社長に就任。日本最小・最後発の乗用車メーカーとして世界を目指している。

損失覚悟でオロチの開発を決断

2004年4月の取締役会。光岡章夫は就任以来、最大の決断を下そうとしていた。「オロチ」の生産・販売に関する会社としての結論である。

光岡自動車が初出展の東京モーターショーでオロチの試作車を発表したのは、その2年半前。爬虫類を連想させる「不気味だがかっこいい」フォルムは大きな反響を呼び、ユーザーからは発売を求める声も多かった。

しかし同社売上の9割以上は、中古車・直輸入車販売（BUBU事業）と正規輸入車ディーラー事業が占める。限られた経営資源は別車種の開発に投入され、オロチの開発を同時に進められる余裕はなかった。

結論が出ないまま、いたずらに時間だけが過ぎた。だが、最終的に光岡はこの日の取締役会で、オロチの本格開発・生産・販売を決めた。

「売れなければ、過去の開発費と合わせて十数億円の損失が発生し、売れても全額は回収できないかもしれない。損失は宣伝費として割り切ろうと覚悟し、役員たちにも納得してもらいました」

06年10月、受注生産を開始したオロチ（標準車は1197万円。エンジンやブレーキなどは国内大手メーカーから調達）の販売状況は上々。翌年2月からは納車が始まった。

ただし、販売予定の400台を完売しても「やはり開発費の回収までは難しい」と光岡は言う。オロチ事業での損失は、2つの主力事業の利益で補う。

前例のない手法でオロチの廉価版を発売

08年1月30日より、光岡自動車は年間20台の限定生産で、オロチの廉価版である「オロチ・ゼロ（大蛇・零）」（934万5000円）の予約販売を開始した。オロチを好きな人が1人でも多く所有できるように、ガンメタリックに限定したり、装備の簡略化などを図り、エンジンや足回りはそのままに260万円以上のコスト削減を実現させた。

エンジンなどをグレードダウンして同車種のエントリーカーを発売するケースはあるが、こうした手法で大幅値下げしたケースは、ほとんど前例がない。

まさに光岡らしい非常識な発想と言える。

失敗を恐れない社風を再認識させる

光岡が採算を度外視してでもオロチの販売に踏み切ったのには、宣伝以外の狙いがある。

「失敗を恐れず」「夢を現実にするためチャレンジし続ける」光岡自動車の企業理念と、今後の事業戦略を社員に再認識してもらうことだ。

同社のアイデンティティーは「クルマ大好き人間」の集まり。

ところが、乗用車メーカーになって知名度が高まると、入社してくる人材の質が変わった。非常識な「クルマ好き」が減り、ミツオカ車からは絶対的な個性が見えにくくなっていた。

例えば、オロチの前に開発された「ヌエラ」。03年秋の東京モーターショーで発表され、翌04年春から販売を開始した。同社が得意とするクラシックカー路線は踏まえつつ、現代風のアレンジを加えて30代顧客の獲得を目指した。

「顧客の若返りと拡販を狙って、中心価格は300万円以下。改造ベース車の2倍の車種もあるなか、ヌエラは約50万円高に設定しました」

だが、販売成績は伸び悩んだ。手作業の少量生産が売りの同社にユーザーが期待するのは、求めやすさより「尖《とが》った」クルマだ。光岡がオロチの生産を決断する際には、この経験が生かされたのだ。さらに、

「国内で思ったほど売れないなら世界で売ればいい」と海外販売拠点の強化に乗り出した。

兄弟の役割分担で事業を全国展開

失敗を糧に飛躍する。実はその繰り返しこそが、光岡自動車の歴史である。12歳上の長兄で先代の光岡進会長が、同社を創業したのは68年。70年には中古車販売業に進出し、その2年後に三男の章夫が加わった。光岡自動車設立と同時に取締役となった章夫は、一人で東京進出の準備に取りかかった。

自然と事業創出やモノづくりのアイデアは兄、流通や新規市場の開拓は弟という役割分担ができていた。

同社は地域一番店に成長していたが、冬場の売上が極端に減る北陸エリアの販売だけでは限界がある。当時は中古車販売価格の全国相場はなく、地域相場があるのみ。しかも、相場にはかなりの地域差があった。そこにビジネスチャンスが潜んでいたのである。

「東京は市場規模が大きいうえに、販売価格は高めに設定される。一方、富山や福井での仕入価格は他地域より低め。さらに東京より高かったのが北海道で、両地域に進出すれば、成功するにちがいないと考えました」

81年に東京支社、82年には札幌支社を開設。全国展開への足がかりを築いた。先代は、好調な中古車販売業と並行して念願だったオリジナルカーの開発に着手。原動機付自転車一種免許で運転できるゼロハンカーを発売し、好評を博した。

失敗を糧に飛躍のチャンスをつかむ

事業は順調だった。

「ところが、85年の法律改正でゼロハンカーの運転には 普通自動車免許が必要になり、国内販売は激減。在庫をさばくため海外に活路を求めたのです」

相次いで先代と2代目が米国に渡った。持ち帰った成果は別物だが、すべて現在の同社を支える主力事業となっている。先代はフォルクスワーゲンを改造したクラシックカーの人気に着目し、その後のクラシック路線オリジナルカーの開発に結実させた。

2代目はコルベットやカマロといった〝アメ車〟に目をつけ、輸入中古車、直輸入車販売や正規ディーラー業への道を開いた。

「日本に持ってきてナンバープレートをつけるまで半年かかりました。大変でしたが、勉強になりましたね。国内でオリジナルカーの型式をとったり、海外で型式認定をとる際にも大いに役立っています」

スポーツタイプのアメ車ブームが起きたのは、その数年後のことだった。

販売力強化で本格メーカーの夢を現実に

同社が富山県内に持つ3万3000㎡の遊休地。今はまだ荒地だが、車台から生産するオリジナルカーの新工場建設を目指している。

光岡は、

「オリジナルカー事業の連結売上に占める割合を、現在の10％以下から30％に引き上げたい」と語る。新工場の建設には、販売先の確保が大前提となる。製造工場を持つ本格的な自動車メーカーへの脱皮を賭けた、最大のチャレンジとなる。

「海外の販売体制を強化し、世界に飛び出すことが自分の役割だと思っています」

だが、今回も成功と失敗が交錯する。中国市場では7カ所あった販売拠点を2つに統合し、韓国市場での販売も期待したほど伸びていない。市場開拓を得意とする2代目の腕の見せ所だ。

08年2月初旬。光岡はマレーシアに飛び、海外拠点開設の商談に臨んでいた。東南アジアに加え、サウジアラビアやバーレーンなど中近東を訪れるケースが最近はとみに増えている。東南アジアと中近東における同社の販売台数の伸びが著しいという。

「今後も、ＢＵＢＵ事業とディーラー事業の拡大は、当社の発展に欠かせない。そして5年以内に世界的な販売拠点をつくり、後継者にバトンタッチしたいですね。この1〜2年で候補者を選ぶつもりだが、光岡家の人材とは限らない。社内外の幅広い人材を候補に考えています」

会社を発展させる後継者の育成も、2代目の重要な役割である。

株式会社光岡自動車

所在地：富山県富山市掛尾町508―3
創業：1968年
資本金：2億2700万円
売上高：339億円（07年9月期、グループ連結実績）
従業員数：595人
業務内容：新車・中古車（輸入車）販売、オリジナルカーの開発・販売ほか

■光岡自動車の歩み

1968年　光岡自動車工業を創業
1970年　カーショップ光岡自動車創業
1979年　㈱光岡自動車を設立
1981年　東京支社を開設（中古車販売全国展開への第一歩）
1982年　初の自社オリジナルカー「BUBUシャトル50」を発売

1991年　正規ディーラー事業を開始
1994年　「ミツオカ・ゼロワン」を発表、乗用車メーカーに
2006年　ファッションスーパーカー「オロチ（大蛇）」の受注を開始

■光岡章夫プロフィール

1951年　富山県富山市に生まれる
1969年　富山県立富山商業高校卒業後、マツダオート富山に入社
1972年　カーショップ光岡自動車入社
1979年　㈱光岡自動車設立と同時に、取締役就任
1987年　米国法人設立と同時に代表取締役社長
2001年　取締役経営企画室長
2002年　代表取締役社長に就任
趣味：ゴルフ、ギター・ドラム演奏
好きな言葉：チャレンジ

ディスカウントストアを「日本のインフラ」に

株式会社ミスターマックス
代表取締役社長　平野能章（ひらの・よしあき）

ミスターマックスは九州を地盤とするディスカウントストア（ＤＳ）、ショッピングセンター（ＳＣ）開発の大手。２０００年に首都圏へ進出し、06年には同社最大規模の湘南藤沢ＳＣをオープンさせ、首都圏での出店を加速させている。

１９９５年６月、平野能章が36歳の若さで2代目社長に就任。前年に東証一部上場を果たした先代は、創業者、オーナー、会長として息子を指導した。先代が築いたＤＳを進化させ、ローコスト・オペレーションの店舗運営を実現しつつある。

平日でもにぎわう湘南藤沢SC

平日の午後とは思えない混雑だった。「MrMax湘南藤沢ショッピングセンター」1階の無料駐車場はほぼ埋まっている。SC内には子ども連れのファミリー層と中高年世代の姿が目立つ。

オープンしたのは2006年6月。

平野能章が満を持した同SCはディスカウントストアの「MrMax湘南藤沢店」のほか、食品スーパーや衣料品、飲食店をはじめ54ものテナントが入居する。ミスターマックスの神奈川県進出1号店で、テナント数、総店舗面積とも同社SCでは最大規模を誇る。

九州を地盤としてきた同社の店舗は、07年5月時点で42店。関東圏は7店舗にすぎず、とくに首都圏での出店成功が全国ブランド化への鍵を握る。足元商圏人口が厚く、消費活動が活発な若いファミリー層が多い首都圏を、同社は今後の主要な出店ターゲットととらえている。

藤沢エリアはSC、HC（ホームセンター）の激戦区だ。しかも同SCの隣には、すでに同規模のSCがある。この激戦地で勝つことは、首都圏の商圏40～50万人規模のエリアで成功できることを意味する。

「DSを日本のインフラに」という目標を掲げる同社にとっては、会社の行く末を賭けた渾身のプロジェクトだった。

「土地は賃貸、建物はリース方式で初期投資を抑えたとはいえ、失敗した場合は会社が傾きかねません。そこで常務取締役に『任せられるのは君しかいない』と20年ぶりの店長をお願いし、二つ返事で引き受けてもらいました」

同SCのオープンから1年。客数は当初の予想を上回り、売上も順調に伸びている。

全国進出の手応えをつかんだ首都圏での成功

大きな賭けだったが、平野に勝算がなかったわけではない。00年12月にオープンした首都圏第1号の新習志野店での成功に、手ごたえを感じていたからである。

当時の幕張は開発ラッシュが続き、外資系流通業の上陸が相次いでいた。平野は「外国勢の上陸で脚光を浴びているときが進出にはベスト」と判断し、オープン予定を繰り上げた。その結果、仏の「カルフール」、ＭｒＭａｘのショッピングセンター、米の「コストコ」が1週間おきに開店。1年後の売上は当初の目標を30％も上回った。

「普段の暮らしに欠かせない商品を、毎日安く提供するという当社独自のスタイルが、全国どこでも通用すると実感しました。駅前店なのに、98％の方が車でのまとめ買いというのも意外でした」

新習志野店での経験やデータが、湘南藤沢ＳＣの開発に生かされたのだ。

社長という名の副社長

現在、あらゆる分野で経営のリーダーシップを発揮する平野だが、就任当初はそうではなかった。

95年6月の株主総会。父である先代が会長の座に就き、平野は36歳の若さで2代目に就任した。3月期の決算を控えたある日、社長室に呼ばれた。

「新年度から社長をやれ」

と突然、先代から告げられたのだ。会社は継ぐつもりだった。ただ、東証一部上場企業を率いるには、年齢的にも能力的にも早すぎるように思えた。疑問を口にする2代目に、先代は「自分が元気なうちのほうがいいから」と答えた。

創業者でオーナーの先代は、いわば三位一体の絶対的な存在である。2代目は素直に従った。

「3、4年間は社長という名の副社長でしたね。自分の意思で重要事項を決めるようになるのは、そのあとです」

無用な混乱を避けながら世代交代を図る

平野が社長としての本領を発揮したのは、先代時代に開設した小規模店の統廃合である。同社は店舗の大型化とSC化を急速に進めていた。収益性を高め、ブランドの統一感を保つためにも、売り場面積数百坪の店舗の整理は欠かせない。当然の経営判断だが、絶対的な存在である会長に物申せるのは息子で社長の能章しかいなかった。99年に初めて、九州の2店舗を近接地の大型店に顧客を引き継ぐ形で閉鎖した。

最大の難関は、創業の地の商店街にある売り場面積50坪の最小店舗だった。

「思い入れの強い店舗ですから、閉店までに3年以上かかりました。さまざまな黒字化のための努力はしましたが、赤字は免れません。最終的に会長の了承を得て閉店したのは02年になってからです」

そこまで先代に気を遣うのかと思う人もいるだろう。だが、平野は、

「会長との感情的な対立だけは避けよう」と心に決めていた。

先代が指名した役員も全員留任させ、定年退職を見届けた。

「他社の2代目社長の例を見ると、両者が感情的に対立し、社長が会長を無視した

り、会長が社長を降格させた結果、社内の激しい対立と混乱を招き、会社の業績が悪化したケースもありました」

世代交代の問題は時間が勝手に解決してくれる。03年には、役員全員が平野指名のメンバーに入れ替わった。湘南藤沢ＳＣ開発の陣頭指揮に立った常務、店長を任された常務は、いずれも新世代の中心人物である。会長は06年度いっぱいで名誉顧問に退いた。

実権を得て店舗改革を本格化

名実ともにトップとなったころから、平野は店舗改革を本格化させた。改革の基本哲学は、個々の気力、体力などに頼る店舗運営から、勝つための合理的なシステムづくりである。

同社は世界最大のＤＳであるウォルマートを参考に、独自のＤＳスタイルとシステムを改善し続けている。

平野電機を創業した父は、70年代当時に渡米を繰り返した。総合小売業の全盛期だったが、ウォルマートなどのＤＳに注目し、78年、福岡市にＤＳの１号店を開店させた。

大学卒業後のＭＢＡ留学と米国野村證券時代に、平野がウォルマートを徹底研究したのは、父譲りとも言える。その強さの根底には「安さへのこだわり」がある。ＭｒＭａｘの場合は、「ＰＯＷＥＲ ＰＲＩＣＥ」商品と、「プライベート・ブランド」商品を中心に〝毎日安い〟のブランドイメージを牽引する。

日本のインフラに欠かせないローコスト・オペレーション

店舗のローコスト・オペレーションを実現するため、店舗ごとの発注業務を本部に集約。商品搬入を新設した東西の物流センターに一本化し、店舗の荷受・検品作業を大幅に削減した。

湘南藤沢店をはじめ、新店舗ではストレスフリーな店づくりを実践している。通路は大型カートや車椅子でも十分行き来でき、高い天井が開放感を演出する。商品探しを容易にするため、案内表示は売場別に分かりやすく色分けされている。

「より効率的な人員配置ができるよう、店舗での作業も売場別のタテ割りから、作業別のヨコ割りに変更。古参社員の反対は、トップの権限で強行突破しました。DSを日本のインフラにするには必要な改革ですからね」

平野は「店舗数300店、年商1兆円」を通過点に定め、将来的には「店舗数3000店、10兆円」到達を目標に掲げる。

07年7月、同社は都内（町田市）に初進出した。08年3月末現在の店舗数は42店で、日本のインフラへの道のりは遠いものの、決して夢物語ではない。平野の挑戦は少しずつだが「前へ」と進んでいる。

株式会社ミスターマックス

所在地：福岡県福岡市東区松田1—5—7
設立：1950年
資本金：102億2973万円
売上高：995億5823万円（08年3月期、連結）
従業員数：2238人（パート含む）
業務内容：ディスカウントストア事業、SC開発

■ミスターマックスの歩み

1950年　㈲平野ラジオ電気商会を設立
1961年　平野電機㈱に改組
1978年　MrMax1号店を開店
1980年　現社名に社名変更
1994年　初の自社開発SCを開設、東証一部に上場
1996年　群馬県に関東1号店を開店

２０００年　習志野市に首都圏１号店開店
２００３年　西日本・関東物流センターを開設
２００６年　湘南藤沢ＳＣを開設

■平野能章プロフィール

１９５８年　福岡県田川市に生まれる
１９８１年　日本大学経済学部卒業
１９８６年　米国ノートルダム大学大学院でＭＢＡ取得
　　　　　　㈱ミスターマックス入社
１９８７年　米国野村證券へ出向
１９８９年　取締役営業企画部長
１９９２年　代表取締役副社長
１９９５年　代表取締役社長に就任

趣味：食べ歩き
好きな言葉：Keep Moving Forward（前へ）

2代目だからこそ取れるリスクがある

株式会社コジマ
代表取締役社長　小島章利（こじま・あきとし）

「安値世界一への挑戦」の企業コピーで知られる大手家電量販店のコジマ。人口20～30万人規模の都市を中心に、平均3000㎡の大型ロードサイド店を出店し、現在は全国に約230店舗を展開。2008年3月には、最大手のヤマダ電機に続く47全都道府県への出店を実現した。

小島章利は02年、創業社長の父からコジマの経営を引き継いだ。社長就任後の3年間で、収益構造改革を成し遂げた。市場が6兆円台と横ばい状態にあり、規模拡大を柱とする業界再編が進むなか、コジマは「地域一番店の集合体」の確立による成長を目指している。

情報システムの刷新

「リスクが高すぎて、自分以外の誰にもできない仕事だと思った」

小島章利は、2代目就任の原点となった当時の心境をこう振り返る。

80年代後半、コジマは100店舗達成を当面の目標に、店舗数を急激に拡大していた。しかし、各店舗から本部に集められた売上データの集計・管理は手作業で行われ、機種別の管理もままならない状態にあった。コジマは、全店舗の全商品を対象にした単品管理システムの導入を決定する。

だが当時は、100店舗以上をチェーン展開し、数万単位の商品の単品管理を実現している小売業は存在しなかった。手本となるシステムが見当たらないなか、プロジェクトの先頭に立ったのが、小島である。

導入予定だったコンピュータの性能を調べて驚いた。テレビと冷蔵庫、エアコンぐらいしか管理できず、コジマの目指すシステムとは、あまりにかけ離れていたからである。

初めての直訴

「今後の株式上場をにらんで、店ごとに全商品を単品管理するだけでなく、在庫管理や粗利管理もできる。さらに本部と各店舗の間で、リアルタイムにデータのやりとりが可能なシステムにしたかった」

そこで急遽、計画を変更。父である小島勝平会長（当時社長）に、低コストで操作が簡単なパソコンPOSの導入や、システム室室長就任などを直訴した。小島が自ら父に、

「この仕事を任せてほしい」

と言ったのは、このときが初めてだった。

情報システムの刷新に失敗すれば、業務上の損害は計り知れず「職を辞して」責任を取らざるをえない。社内でこのリスクを負えるのは、創業者の息子である小島章利しかいなかったのだ。

「成功するまでやり続ければ失敗することはない」

と覚悟を決めた。

システム室室長に就任した小島の挑戦が始まった。誰もが支障なく使えるシステムにするため、1年間に300本以上のプログラム仕様書を書き、不具合の修正や改善を繰り返す毎日。テレビの深夜番組が放送している時間に帰宅できたのは、わずか1日だけだった。

90年2月、パソコンPOSシステムは無事、全店舗に導入された。

会社の仕組みを情報システム面から変革した小島は、このとき27歳。同年取締役に就任し、2代目への道を歩み始めたのである。

「マッキントッシュ・パフォーマ」と「フレッシュグレー」

誰もが使える情報システムという小島の発想は、新しいビジネスアイデアのヒントとなった。93年10月「パソコンを、かぎりなく家電に近づけた」といわれる「マッキントッシュ・パフォーマ」シリーズの販売である。

「当時のパソコンは、主に専門店でコンピュータ好きのユーザー向けに販売されていました。ソフトとハード（本体）が別売りなど、初心者がすぐに使えず、とても家電量販店で売れるような商品ではなかったのです」

アップルコンピュータと共同販売したマッキントッシュ・パフォーマは、今では常識の個人向け「オールインワンパソコン」。ワープロや表計算ソフトなどがあらかじめインストールされている。

コジマは販売開始1カ月間で３０００台を売り上げ、マッキントッシュ・パフォーマ購入者の9割を、パソコン初心者が占めた。パソコンの販売チャネルは一変し市場を大きく拡大させた。

　ほかにも、一般家電におけるユーザー本位の商品開発という成功事例がある。学生時代の小島には、「部屋にある家電を同色にしたくても、メーカーごとに違いがあって統一できなかった」苦い経験がある。

　小売りとメーカーの共同開発が珍しかった当時、小島の斬新な提案にメーカーサイドも積極的な協力を惜しまなかった。

　97年、メーカー間の垣根を越えて色調を統一した「フレッシュグレー」の販売が実現。99年には、流通サイドからメーカーに対するデザインの働きかけという企画コンセプトが高く評価され、「テーマ部門」において日本グッドデザイン賞を受賞している。

“成功するまで頑張る”を父から学んだ少年時代

　10世代目の06年シリーズは全50アイテム。年間売上100億円以上を見込む一大ブランドに成長している。

「父がやっていないことばかりしてきたが、反発からではありません。父も家電販売は商品がめまぐるしく変わり、常に新しい対応が必要なことはよく知っています。私のチャレンジに対して何も言わず、成功するまでやらせてくれました。そのやり方は子供のころから一貫しています」

小島少年は、小学校高学年のころから父と毎日、将棋を指し、相撲を取った。父は少しも手加減しないどころか、勝ち方すら一切教えてくれない。何年も負け続けた。父を負かそうと工夫を重ね、将棋は小学校6年生で、相撲は中学生になって初めて勝ったと言う。

将棋の腕前は、小学校で1番になっていた。父は負けた日を境に、将棋も相撲の相手もしなくなった。

地域一番店を目指す

02年4月、株式会社化40周年を機に社長に就任する。会社の仕組みを変えてきた新社長の誕生は自然な流れとはいえ、世代交代の必要に迫られていたのも確かだった。小島は改めて「地域一番店の集合体・コジマ」確立の目標を明確にし、収益構造改革の推進を明言した。

コジマは97年から4期連続で業界売上高日本一を達成した。だが、旧大規模小売店舗法時代に大量出店した売り場面積500㎡程度の小型店は、品ぞろえの手薄さなどから競争力が低下。小型店の統廃合と同時に、00年に施行された大店立地法の時代に対応できる、数千㎡規模の新規出店が課題になっていた。

2代目のメリットに、小島は「過去の資産を生かした全社改革がしやすいこと」を挙げる。

極力撤退しない姿勢を貫く

小型店の統廃合では、既存の出店地域から極力撤退しない姿勢を貫いた。店舗を閉鎖する場合、近くに新規の大型店を出店し、品ぞろえの充実とアフターサービスの継続をアピールした。

先代は、

「宇都宮に秋葉原にも負けない日本一の家電製品販売店をつくり、1人でも多くのお客様に便利で快適な生活を届けたい」との想いからコジマを興した。

全国展開はその想いを日本中に広げるためだ。安易な店舗閉鎖・完全撤退は、創業の想いに背き、顧客の信頼という企業資産を損なう経営判断にほかならない。

「時間はかかりましたが、今の売上比率で見ると、売り場面積平均約3000㎡の大型店が95%を占めます。07年度からは、大型店全店で統一の品ぞろえができる体制が整いました。商品の販売ペースなどから1～3カ月先の需要を予測して、不良在庫や欠品をなくすシステムも稼動中。販売員の研修体制も拡充させました」と小島は言う。

収益構造改革に成功した小島は引き続き、コジマの成長構造改革に取り組んでいる。既存地域の新規大型店で「地域一番店」を逃したケースは、まだない。

成功する迄続ける
小島常利社長のことば
金田石城書

株式会社コジマ

所在地：栃木県宇都宮市星が丘2—1—8
創業：1955年
資本金：189億1664万円
売上高：5002億5000万円（08年3月期、連結）
従業員数：4868人
業務内容：家電製品の販売ほか

■コジマの歩み

1955年　宇都宮市に電気店として創業
1963年　㈱小島電機（現コジマ）を設立
1989年　100店舗を達成
1993年　「マッキントッシュ・パフォーマ」を発売
1997年　シリーズ家電「フレッシュグレー」の発売を開始

家電量販店売上高日本一を達成
２０００年　家電量販店としては初の売上高５０００億円突破を達成
２００５年　創業50周年
２００８年　全国出店達成

■小島章利プロフィール

１９６３年　栃木県宇都宮市に生まれる
１９８７年　東海大学政治経済学部卒業後、小島電機（現コジマ）に入社
１９９０年　取締役に就任
１９９１年　情報システム本部長
１９９３年　営業企画本部長
２００２年　代表取締役社長に就任
趣味：書画、絵画、陶器の鑑賞
信条：成功するまで続ける

第2章　大企業のキャリアを生かした男たち

ＡＢＣ経営でグローバルワン企業へ

株式会社森精機製作所
取締役社長　森 雅彦（もり・まさひこ）

マザーマシンと呼ばれる「工作機械」メーカーの森精機製作所。森三兄弟が１９４８年に創業した同社は、世界一の生産額を誇る日本の工作機械業界で、三強の一角を占める企業に成長している。

99年6月、当時37歳の森雅彦が初代の伯父、２代目の父の後を継ぎ、３代目社長に就任。東証一部上場企業の最年少社長として注目を浴びた。

3年前には創業の地から、業界最激戦区の名古屋市に本社機能を移転。業界の常識にはない「グローバルワン」戦略を掲げている。

安定成長を可能にする経営の基本「ABC」

「通説に逆らう」経営を行う「常識外れ」の経営者――。森精機製作所社長の森雅彦は、周囲からよくこう評される。だが、本人は経営の教科書に沿った「ABC」を実践しているだけと言う。

このABCとは、「A（当たり前のことを）B（バカまじめになって）C（ちゃんとやる）」の意味である。

森の一貫した経営戦略は、収益安定のために国内を含めた世界シェアの拡大を図り、工作機械業界の「グローバルワン」を目指すこと。2005年度からの中期経営計画では、08年3月に世界受注シェア5％達成の目標を掲げている。

準備は一歩一歩進めている。

02年には、旧・日立精機の事業を継承。9000社の顧客を引き継ぎ、国内シェアを7％から10％に高めた。世界均一のサービス提供を重視し、世界46カ所、国内41カ所にテクニカルセンターを配置。さらに拡充する方針だ。欧州やアジアでの営業人員も、大幅に増やしている。

需要変動の激しい工作機械業界に対応

工作機械は需要の変動が激しい業界である。06年度の国内企業の受注総額は1兆4745億円と1990年以来の好況期だったが、93年には6000億円台にまで落ち込んだ。

大量生産が難しい労働集約型産業の工作機械では、人手も設備も好況期に備えて抱えておくのが一般的。不況期には固定費の負担が増すため、投資には慎重さが求められる。固定費が増加する森精機のやり方は、不況期の経営リスクを高める戦略と判断されがち。常識外れと評される理由のひとつだ。

確かに国内受注だけを見れば、需要の変動が激しい。では、世界に目を転じたらどうか。ここ10年の世界の市場規模は、3兆5000億円～4兆円で安定的に推移している。世界シェア5％で、同社の売上高は2000億円を突破している。

「需要動向や素材価格の変動に左右されない安定成長の経営モデルは何かと考えた末の結論が、グローバルワンになることだったのです。もちろん、シェア拡大に向けた投資についても、財務リスクの高い決断をしたことはありません」

同社の自己資本比率は7割を超え、業界平均の5割を大きく上回る。

旧・日立精機の事業継承資金は、万が一の損失が発生した場合でも消化できる範囲にとどめた。企業文化の統合に十分な時間をかけ、その間は他のM＆Aを控えた。これも森が唱えるABC経営の実践だ。

「2代目、3代目の果たすべき役割は、会社を守り、育てること。それには、過去、現在、将来の会社の姿を第三者的に分析し、どれだけのリスクを取れるかを正確に見定める必要があります」

そう語る森への経営者教育は、幼少のころからすでにはじまっていた。

一族出身は一世代で一人の不文律

父との会話は経営に関することばかり。外食時には、「職人1人当たりの売上やお店の利益」を計算させられた。

創業家の森一族では、森精機に入社できるのは「一世代一人」と決まっている。京大工学部に入学した時点で、森社長はその一人と目されていた。しかし同時に、入社した人が必ず継ぐとはかぎらないのも、会社の発展を優先する森一族のルールだった。

「常に自分が継ぐという意識と、継がないときはどうするという意識が半々でした。ただ、社長を継ぐことしかできない人には絶対なりたくなかったですね」

父への尊敬とは裏腹の反発や自立心。大学卒業後は伊藤忠商事に入社し、大阪本社の産業機械部に配属された。

入社7年目、91年11月のある朝。出社した森は部長に呼び出された。部長の机の上には、広げた新聞が置かれていた。ある見出しが森の目に飛び込んできた。

〝森社長の長男が次の次の社長候補として中途入社へ〟

寝耳に水の記事だった。父が息子の入社を促すため親しい記者に情報を流して書かせたのが、どうやらことの真相だった。

父は数年前から体調を崩し、入院もしている。森は入社を決意した。

社長として業界の通説をくつがえす

入社後は社長の右腕として二人三脚で経営にあたった。

最初の3日間で部次長全員とそれぞれ1時間の面接を行い、やりたいことや会社への不満を聞き出した。このときのメモは今でも残っている。

マネジメントの仕組みも変えた。月報に加えて商社では当たり前だった週報を導入、そのすべてに目をとおした。父の病気が進行するなか、稟議書は自分が決済するルールに改めるなど、徐々に新体制を確立していった。

「社長できないよね」

父の体調を気遣い、息子からトップ交代を切り出した。99年6月、森雅彦社長が誕生する。森はその後、業界初のセル生産方式の導入に踏みきった。

「工作機械より部品点数が多くても、セル生産を実践している企業はいくつもあります。生産性を上げ、現場で働く技術者がやりがいをもって知的生産者になるには、セル生産の導入が不可欠でした」

業界の通説はくつがえされた。現状は30％の導入率だが、さらなる引き上げを狙っている。

伊藤忠時代の経験も生かされている。工作機械の営業マンは通常、製品パンフレットを見せて顧客に説明する。ところが、同社の営業部門は、ときに大型トレーラーで顧客の工場に乗りつけ、製品を実際に動かす。プレゼンのインパクトは絶大だった。

森の発案だが、オリジナルのアイデアではない。戦後、交通渋滞が社会問題化する時期まで日本メーカーの多くが、この方法を用いていた。伊藤忠商事の誰もが入れる資料室には、大量の社史がそろっている。社員時代によく出入りし、好んで社史を読んでいた森は、その事実を知っていて高速道路網が整備された現代に蘇らせたのだ。

2011年には会長として未知の仕事に挑む

社員への利益還元も良い意味で常識外れだ。1人当たりの金額が日本で最高のストックオプションを与えたこともある。06年度後半の約半年で2回の特別ボーナスを支給した。支給対象には、パートやアルバイトなども含まれる。

「儲けを少しずつでも社員に還元したい」

森は当然のように言う。

その3代目は2011年に社長を退き、代表取締役会長に就任する予定だ。

次の社長は課長級以上のプロパー社員のなかから選ぶつもりだが、適任者が育たない場合は外部からの招聘もあり得る。

今後、森一族から一世代一人の人材が入社する可能性はある。だとしても、社長レースに参加できるのはかなり先の話である。

為替動向を含めた経済環境にもよるが、森の目論見では、11年の森精機グループは売上高が約2500億円、従業員数は約5500人を見込む。需要変動の激しさから大企業が存在しなかった工作機械業界では、かつてない規模の企業グループとなる。

「他業界のお手本はあるにせよ、人や物流の仕組みからつくり上げる前人未到のマネジメントが求められます。まだ体力のある50代のうちに、未知の新しい仕組みづくりに挑戦したい」

50代の挑戦は、40代での経営目標達成あってこそ。グローバルワン企業を目指し、森は月に国内外約10件ずつのトップセールスを自らに課している。

MORI SEIKI

株式会社森精機製作所

所在地：愛知県名古屋市中村区名駅2―35―16
創業：１９４８年
資本金：３２７億円
売上高：２０２２億６０００万円（08年3月期、連結）
従業員数：３８６４人
業務内容：工作機械の製造および販売

■森精機製作所の歩み

１９４８年　奈良県大和郡山市で創業
１９５８年　繊維機械を中止し工作機械の製造・販売を開始
１９６８年　数値制御式（ＮＣ）旋盤の製造・販売を開始
１９７６年　ＮＣ旋盤の日本シェア業界第１位
１９７９年　大証二部上場（現在は東証一部と大証一部に上場）

2002年　旧・日立精機の事業を継承
2004年　名古屋へ本社機能を移転

■森 雅彦プロフィール

1961年　奈良県大和郡山市に生まれる
1985年　京都大学工学部精密工学科卒業後、伊藤忠商事に入社
1993年　㈱森精機製作所に入社
1994年　取締役
1999年　取締役社長に就任
2003年　東京大学で工学博士の学位を取得

趣味：読書、洋楽観賞、海釣り
好きな言葉：創生と守勢

一本足経営を脱し次の成長ステージへ

はるやま商事株式会社

代表取締役社長　治山正史（はるやま・まさし）

全国に「紳士服はるやま」など、366店舗を展開する紳士服チェーン大手のはるやま商事。現在はメンズ／レディスビジネスウエアのJOCオフィシャルパートナーであり、2008年開催の北京オリンピックでは、日本代表選手団が同社の製作した公式服装を着て大舞台に臨む。

03年、先代の息子で伊藤忠商事出身の治山正史が2代目社長に就任。役員時代には都市型ショップの「Perfect Suit FActory（P・S・FA）」を立ち上げ、同社の主力事業に育てた。

2代目はさらに、既存店の建て直しと首都圏攻略を経営の重点目標に掲げる。

お前は跡継ぎじゃない

治山正史が小学生時分から先代によく言い聞かされていた言葉がある。

「お前は跡継ぎじゃないぞ。もしお前に経営の才能がないなら、絶対に跡は継がせない」

将来、会社を継ぐと決めたのは大学生の就職活動期だった。広い視点でビジネスを経験したいと、はるやま商事にはいきなり入社せず、伊藤忠商事の商社マンを就職先に選んだ。治山は繊維事業部に配属され、大阪とニューヨークでアパレル商品の法人間取引を担当する。大阪では中国で生産した商品を日本の通販会社に販売し、NYでは東南アジア製の商品を米国のアパレル企業に売り込んだ。

大阪勤務時代はバブル景気のまっただ中。激務だったが、充実していた。1週間のうち丸々3日を治山は会社で過ごした。さらに1日はカプセルホテルに泊まり、平日に寮に帰るのは身の回りの荷物を取りに行く1日だけ。週末出勤も日常茶飯事だった。

「国や商習慣の異なるさまざまな顧客とのビジネスを経験することで、会社の良い面、悪い面を比較対照できる目を養えました。生産拠点のある東南アジア勤務もしたかったのですが、長期になりそうなので断念せざるをえませんでした」

法人向けから個人向けビジネスへ

1994年、6年間勤務した伊藤忠商事を退職し、はるやま商事に入社。商社マンとして数々のシビアな商談に立ち会ってきた治山も、法人向けと個人向けビジネスの違いには戸惑ったという。

例えば、法人間取引は共通の交渉ルールにのっとって相手の担当者を納得させられれば、1度の商談で10万着売れる。一方、小売で10万着売ろうとすれば、10万人の顧客1人ひとりに納得してもらわなければならない。

「入社当初は売り場に立ち、エンドユーザーとも接しました。無茶を言う人もいれば、明らかに先方に非があっても、こちらが頭を下げる世界です。ただ、打った手の結果がすぐに出るというのが、個人向けビジネスの難しくも面白い部分だと実感しました」

翌年、常務に昇格。治山には、やりたいことが山ほどあった。だが、短期的な結果を求めるあまり、ときに改革が裏目に出たこともある。

99年には、社内に日産自動車の再建手法を取り入れた「はるやまリバイバルプラン」作成のプロジェクトチームを編成した。メンバー発案の改革プランを実行に移したが、絵に描いた餅となったプランが少なくなかった。

「私からの要求が厳しく、それに応えようとメンバーが背伸びしたプランをつくったのが失敗の理由でした」

しかし、治山は改革のスピードを緩めようとはしなかった。

新業態を立ち上げ一本足経営を脱する

当時のはるやま商事は、一本足経営の会社だった。20代から60代の幅広いビジネスマンのスーツ需要に対応する郊外型店舗の「紳士服はるやま」に、売上のほとんどを依存していた。市場規模の拡大が続く間は問題ない。経営資源を集中できる分、出店スピードも速まる。

しかし、治山は商社マンとしての経験から、経営のリスクヘッジが可能な三本足、四本足の経営を目指すべきだと考えていた。総合商社は輸入と輸出、国内事業という三本足で立つことで、為替の変動に左右されにくい安定的な経営基盤を確立している。

しかも、スーツ市場は規模縮小の時代を迎えていた。消費者の好みは多様化し、主要な顧客層である団塊世代の大量退職もやがて現実のものとなる。

「紳士服はるやまの客層は40代以上が中心で、若年層の開拓が大きな課題でした。紳士服市場は成熟化したと言われますが、私はそうは思いません。日本男性のファッション市場規模は、女性の半分以下。もっとファッションに関心を持ってもらいたいと、価格を2つに限定し、気軽に立ち寄れる新業態の企画開発に取り組みました」

その新業態が、20代から30代向けの都市型ツープライスショップ「Perfect Suit FActory（P・S・FA）」である。

２０００年11月より店舗展開を始め、現在、全国主要都市に55店舗を数える。若手ビジネスマンが会社帰りにスーツを買ったり、ウィンドーショッピングを楽しむなど、新たな需要の掘り起こしに成功した。P・S・FAは当初の狙いどおり、同社の主力事業に成長している。

会社を継ぐに足る才能の片鱗を示した治山は03年に、38歳で同社の2代目社長に就任。先代が手をつけなかった不採算店舗の閉鎖や、取引先の整理を矢継ぎ早に実行した。

先代は情の人ゆえ、古い縁のある取引先との関係を切ろうとはしなかった。損を承知で取引先を守る姿勢が、会社の信用を高めたのも事実である。しかし、度を過ぎれば会社の経営リスクが高まる。関係解消を進言する息子に父は、

「ワシの目の黒いうちは守る」と、決して首を縦に振らなかった。

一連の整理に伴い同社の業績は一時的に下降したが、05年3月期以降は上昇に転じた。

「負の遺産を清算してくれた」

会長となった父は、2代目の決断を高く評価した。

既存店の建て直しに挑む

P・S・FA以外の事業の柱も育ちつつある。

これまで手薄だったショッピングセンター（SC）向けなどに開発した新業態の「N－STAGE」だ。このN－STAGEの顧客ターゲットは、30代から40代のいわゆるニューファミリー層。

「郊外型のセレクトショップ」を意識し、ひとつのショップ内を英国調やイタリアンクラシコといった3、4つのデザインで区切り、顧客の多様なニーズに応えた。

関東地区のSCにも積極出店している。

2つの新業態をゼロからマスの売上に育て、三本足経営への道筋をつけることに成功した。それでも治山は、「まっさらの状態から作った業態なので、かえってマネジメントしやすかった」と言う。

「2代目はありがたいことに3合目、5合目から会社経営をスタートできます。現状維持では継いだ意味がなく、成長させなければなりません。それには、自社の強みを生かすと同時に、過去の成功体験を捨てることも必要なのです」

課題は首都圏の市場開拓

治山は現在、紳士服はるやまの建て直しと首都圏市場の開拓に注力している。

紳士服はるやまは中四国地域から全国へと展開したため、中四国の既存店には営業歴の長い店舗が多い。05年度と06年度で中四国を中心に全国の100店舗以上を改装し、メンズのスーツ販売だけでなく、レディスやコーディネート販売しやすい陳列を強化している。

はるやま商事はまた、西日本での知名度は高いが、首都圏での認知度は決して高くない。今後の成長には、最大市場である首都圏、とくに東京、神奈川の売り上げ増が不可欠である。

同社の強みは品質、そして技術に裏打ちされたファッション性だ。他の紳士服チェーンが海外生産比率を高めるなか、アジアの縫製技術が向上するまでは国産にこだわり続けた。紳士服チェーンでは初めてブランドを導入したのも、同社だった。N－STAGEはこうした長年の蓄積のたまものであり、首都圏攻略の試金石と位置づけている。

治山は、

「これまでの試行錯誤を踏まえ、08年は思いきったことをして会社の成長を確かなものにしたい」

と、トップとしての決意を語った。

はるやま商事株式会社

所在地：岡山県岡山市表町1―2―3
創業：1955年
資本金：39億9136万円
売上高：591億800万円（08年3月期、連結）
従業員数：2263人（パート・嘱託含む）
業務内容：紳士・婦人服の企画販売

■はるやま商事の歩み

1955年　はるやま洋服店を創業
1974年　現・はるやま商事㈱を設立
1994年　大証二部上場
2000年　新業態「Perfect Suit FActory」を開発・出店
2002年　東証一部上場

２００４年　脚長スーツが大ヒット

■治山正史プロフィール

１９６４年　岡山県に生まれる
１９８９年　立教大学経済学部卒業
　　　　　　伊藤忠商事㈱入社
１９９４年　はるやま商事㈱入社
　　　　　　経営企画室
１９９５年　常務取締役
２００３年　代表取締役社長に就任
趣味：ゴルフ、読書
好きな言葉：「受けつぎて国の司の身となれば忘るまじきは民の父母」（上杉鷹山）

創業者と同じなら2代目の意味はない

株式会社高見沢サイバネティックス
代表取締役社長　高見澤和夫（たかみさわ・かずお）

駅の自動券売機、金融機関のATM端末、ビルやレジャー施設のセキュリティゲート――。高見沢サイバネティックス製品の多くは、われわれの身近なところで使われている。

高見沢サイバネティックスの前身である高見澤電機製作所が1962年に世界初の「多能式券売機」を開発して以来、交通システム機器を中心に、メカトロ機器、特機システム機器の3分野を事業領域とする。

２０００年6月、先代の後を継ぎ、髙見澤和夫が2代目社長に就任。コア技術を基盤にビジネスを進化させ、新規事業開発にも取り組む。

父と濃密な時間を過ごした最初で最後の6カ月

２代目就任直後の半年を、髙見澤和夫は今も鮮明に覚えている。

創業社長として30年以上にわたり高見沢サイバネティックスを率いた先代は、心臓に持病を抱えていた。関連会社の社長だった髙見澤は前年に本社へ呼び戻され、副社長に昇格していた。２代目へのバトンタッチの準備は、着々と進んでいたのである。

社長就任の年の夏。会長になっていた先代の心臓病が急速に好転する。医師も健康状態に太鼓判を押した。そして髙見澤と父の２人だけによる、全国視察がはじまった。

「顔見せのあいさつ回りを兼ね、工場、全国の営業所、関連会社、販売先や協力工場、下請け先を3カ月かけて、隅々まで訪れました。新幹線や飛行機などの移動中は、完全に2人だけ。父とあれだけ長く仕事の話をしたのは初めてでした」

話し合いはときに激論に発展した。

例えば、会社の会計処理。事業は好調で最高益を見込んでいたが、会計制度の変更にともなう退職金の一括償却を行うと、最終的には赤字に転落する。制度変更には移行期間があり、実施の先送りも可能。先代に敬意を表し、赤字決算を避けたいと主張する高見澤を制したのは、むしろ会長のほうだった。

最後の訪問先は、当時もっとも遠い営業所だった福岡。9月中旬に往復し、すべての視察を終えた翌月に先代は倒れ、12月には帰らぬ人となった。

「父は電気部品会社の高見澤電機製作所と、自動券売機の将来性を見込んで分離独立した高見沢サイバネティックスの2社を上場させた経営者です。半年とはいえ、経営について学ぶことの多い濃密な時間でした」

2度とも立ち会えなかったビジネスゴールの瞬間

父の後を継いだ高見澤だが、前年に本社へ呼び戻された際は、「なぜ今なのか」と内心では不満を感じていた。

当時の高見澤は、主に高見沢サイバネティックス製品のメンテナンスを担う関連会社の社長を任されていた。4年間の社長在任中に、外部の新規顧客を次々と開拓し、事業領域の拡大に成功していた。ソフトサービス提供の面白さに目覚めていた時期だったのだ。

「本社に依存しないアフターサービスの受託企業として独り立ちできる直前でした。もう少し関連会社でソフトサービスがしたかったと、正直思いました」

ビジネス上のゴール達成を目の前にしてストップをかけられる経験は、このときが初めてではない。

高見澤は大学卒業後、富士通に入社。営業職を中心に約10年間勤務し、高見沢サイバネティックスに移った。企画部門に配属され、90年には企画室長に就任している。

「店頭公開の準備がはじまり、企画室がその先頭に立つことになりました。ところが、8割方の準備が終わったところで、私は関連会社の社長に就任することになりました」

結局、企画室長として1年後の店頭公開という晴れの舞台を迎えることはできなかった。

お前はお前の開いた道を歩け

今になって考えれば、「父の意図だったのかもしれない」と高見澤は言う。

ビジネスも経営も、何か新しいことを実行するときは、社内外の環境を整備し、軌道に乗せるまでが難しい。目的達成というゴールは、そのプロセスの延長線上にある。

「父に教わった『着眼大局』でもあるのでしょう。常に先を考える姿勢があれば、ゴールの見えたプロジェクトを見届けるより、もっとほかに取り組むべき課題があるはずだと」

ましてや髙見澤は先代の息子で、いずれは会社を継ぐ身。日の当たる役割ばかりでは、社員が主役になるチャンスが奪われてしまう。会社にとっても、プラスとは言えなかった。

髙見澤は、全国視察中に先代が移動の車中でポッリと漏らした、

「俺と同じことをしてもダメだ。お前はお前の開いた道を歩け」

という言葉の意味をかみしめた。もちろん、やみくもに畑違いの新規事業に参入しろ、という意味ではない。

コア技術や培ったノウハウを基盤にした新規事業を開発しつつ、既存事業も時代と顧客ニーズの変化に合わせて進化させる。現状に甘んじない経営を目指すということだ。

変化に対して柔軟なＤＮＡは、髙見澤家４代にわたって受け継がれている。曾祖父の時代に上京し、祖父は電話交換機のリレーを作る電気部品会社を興した。先代の父は電気部品会社を上場させたあとに、交通システムの開発で成功。高見沢サイ

バネティックス発展の礎を築いている。

　髙見澤にできないはずがない。

新規事業を生み出すニュービジネス本部を新設

　就任の翌年、髙見澤は「ニュービジネス本部」を新設。社員が自らの手で新規事業を生み出す環境を整備した。

　同本部は、公式予算ゼロ、開発ノルマなしのユニークな部署である。メンバーには、現状に満足していない人、1人でもビジネスを立ち上げられそうな人など、異彩の人を集めた。つまり、できない理由をまず考えたりせず、現状を打破しようとする人たちだ。髙見澤はこう考える。

「最初は何をしていいか分からないが、やがて何かをしなければと思うようになります。そのときが新しいビジネスアイデアが生まれる兆しです」

　あるメンバーがアイデアを出し、予算をつけてやってみる価値があれば、2〜3

人のチームをつくって試行する。そこで一定の売上が立つ段階になると十数人で事業部化する仕組みだ。

電磁ロック式ラックを利用した駐輪場管理システムは、ニュービジネス本部から生まれた新規事業だ。オンラインによる遠隔管理が可能なため、スーパーなど無人管理が基本の自転車置き場への導入が進んでいる。

ハードとソフトの両方を売る

ハードやシステムを売るだけでなく、運営も関連会社で受託する。ソフトサービスで儲けるという髙見澤の考えが生かされたのだ。今や同システムは10億円規模のビジネスに発展している。

「他の事業でも、システム販売・導入にともなう運営管理サービスの受託が増えています。そして私は社長として製品・システム開発から運営管理まで、一貫したサービスの提供が当社の強みであり、今後、自分の代で伸ばしていく分野だと考えています」

既存事業の進化も着実に成果を上げている。

同社は現在、駅務機器が中心の交通システム機器に加え、メカトロ機器、特機システム機器の3分野を事業領域とし、製品の多くはコア技術であるT（Ticket）、B（Bill）C（Coin）C（Card）処理技術をベースに開発されている。先代時代の主力製品だった駅務機器の売上全体に占める割合は減り、それ以外が半分近くに達している。

タッチパネル入力を採用した介護施設向けの日誌管理システムの開発をはじめ、新市場の開拓にも余念がない。

「切符のICカード化が一層進むと、その用途も鉄道以外へとさらに広がっていくでしょう。今後、駅前の駐輪場で使えるようなことになれば、大きなビジネスチャンスです」

2代目はしっかりと自分で開いた道を歩いている。

株式会社高見沢サイバネティックス

所在地：東京都中野区中央2―48―5
創業：1969年
資本金：7億70万円
売上高：82億7200万円（08年3月期）
従業員数：413人
業務内容：各種自動販売機の製造販売ほか

■高見沢サイバネティックスの歩み

1962年　㈱高見澤電機製作所が世界初の多能式券売機を開発
1969年　㈱高見澤電機製作所の自販機事業部を分社化し㈱高見沢サイバネティックスを設立
多能式券売機の本格的な納入を開始
1974年　紙幣両替機を開発
1975年　群管理券売機システムの納入を開始

１９９５年　セキュリティゲート機を開発
１９９６年　株式を店頭公開
２００１年　ニュービジネス本部を新設
２００２年　駐輪場管理システムを開発

■高見澤和夫プロフィール

１９５５年　東京都品川区に生まれる
１９７８年　東海大学工学部卒業後に、富士通に入社
１９８７年　㈱高見沢サイバネティックス入社
１９９０年　企画室長
１９９５年　㈱高見沢サービス代表取締役社長
１９９９年　㈱高見沢サイバネティックス取締役副社長
２０００年　代表取締役社長に就任

趣味：スポーツ観戦、読書（歴史小説）
座右の銘：着眼大局

グローバル企業を実現する

コンビ株式会社
代表取締役社長　松浦弘昌（まつうら・ひろまさ）

ベビー用品大手のコンビ。

医薬品販売会社として現社長の祖父（初代）が1957年に創業した同社は、60年代に「スワンのおまる」を世に送り出し、一気に知名度を高めた。その後、2代目となる父の時代に、玩具、ベビーカーやチャイルドシート、子供服などの製造販売をはじめ、現在はベビー用品総合メーカーとしての地位を確立している。

２００１年、先代の息子で同社の海外展開をリードしてきた松浦弘昌が3代目社長に就任。副社長時代に策定したグローバル企業実現の経営ビジョンを実行に移している。

中国ビジネスをとおして経営者に必要な判断力を磨く

中国ビジネスでの経験が、経営者として成長するひとつの転機だった。

91年、32歳の松浦弘昌は香港現地法人の初代トップに就任した。文具メーカーからコンビに入社して4年目。社会人になって初めてのマネジメント職だった。

当時の中国ビジネスには、今以上に多くの制約が存在していた。同社はまず、広東省深圳の経済特別区にある委託加工工場を借り上げ、自社でオペレーションする生産方式を計画していた。

松浦は西洋と東洋の雑多な文化が入り混じった香港を拠点に国際感覚を磨き、同社グローバル化の先頭に立っていたのである。

「よくこの国はお金にシビアだと言う人がいますが、現実はそう単純ではありません。私の実体験でいうと、タクシー料金が48・5元で50元を渡したときのお釣り。きちんと1・5元を返す人もいれば、1元の人、なかにはお釣りをまったく出さない人もいました。ひとつの事象だけを見て、勝手に全体を判断してはいけないと思いましたね」

先入観を排して、目の前の事実やリスクなどに基づいて、総合的に判断する。商習慣や文化が異なる海外では、とくに高度な意思決定が要求される。企業経営に欠かせない能力のひとつだ。

翌92年、コンビは委託加工工場での生産を開始した。

海外初の自社工場建設に貢献

松浦は帰国し、内部監査業務などを担当する。経済開放が進んだ数年後には、自社工場建設の責任者として再度、中国に赴任した。松浦は持ち前の判断力で、海外初の自社工場建設に貢献したのである。

このとき、工場建設には3つの選択肢があった。

建設コストの安い順に、①現地の中国企業を使う②現地の日系企業を使うが、実際は中国人が施工管理を行う③現地の日系企業を使う、のいずれかだ。

一方、日本企業の安心感という点では、順番は逆になる。初めての自社工場建設で施工遅れを避けたいとなれば、日系企業を絡ませるのが通常の経営判断だ。だが、松浦の考えは違った。

「日系企業に発注するつもりでしたが、途中でコストを重視して現地の中国企業を使う方法に変更しました」

ただ、安心を担保するため、信頼できる日本人の建設コンサルタントと契約し、松浦も1日置きに現場へ通った。トラブルはあったものの、予定どおりのスケジュールで完成にこぎつけた。

英断はそれだけではない。97年、広東省東莞の自社工場が深圳の委託加工工場より生産を引き継いだ。しかし、経済成長が著しい深圳工場のスタッフは、賃金上昇を理由に引き継がなかった。人件費の安価な地元スタッフを新たに雇い入れたため、新工場での現場人件費は深圳工場の「半分」でスタートできた。

松浦が先頭に立って進めたコンビのグローバル化は現在、さらに加速中だ。昨年には国内工場を閉鎖し、生産はすべて海外に集約させた。役員も半数近くは海外経験者で占められている。

コネを使わず大手文具メーカーに就職

社長就任は決して既定路線ではなかった。

先代の父からも「必ず継げるとはかぎらないぞ」と言われていたため、松浦は独立したビジネスマン人生を送るつもりだったという。

父のコネは使わず、自分の意思で大手文具メーカーに就職した。その1年後には独り暮らしもはじめた。約3カ月かけて東日本の全都道府県の営業拠点を回り、さまざまな業務を体験する新人研修を経て、販売推進部門に配属。営業サポートと海外商品担当を退職までの4年間、ほぼ一貫して続けた。

4年も経つと会社とはこういうものだと分かってくる。松浦も同じだった。

「何かのきっかけがあったわけではないのですが、徐々に父の会社を手伝えたらと思うようになっていました」

87年、コンビに入社。副社長との話し合いで、「生産をやってみないか」と提案された。文具メーカーでは営業系の仕事しか経験していない。生産畑の副社長からすると、未経験の分野で将来の社長候補を鍛える狙いがあったのだろう。松浦は工場の生産管理に配属された。

社内のOA化に取り組む

しばらく生産管理業務に従事したあと、今度は松浦が副社長に提案する番だった。情報化の遅れを指摘し、その推進を提案したところ、「では、あなたがやりなさい」との返答。松浦はすぐさま社内横断の「OA化プロジェクト」を立ち上げ、リーダーの座に就いた。

「全国を回って主要業務の問題点を洗い出し、ＯＡ化で何ができるかの検討を重ねました。半年後に出した結論が、お客様相談室とセットにした『パーツ（部品）センターの創設提案』でした」

例えば、主力商品のベビーカーは約２００点の部品で構成され、色違いの同じ部品が多い。ユーザーからの修理依頼や部品交換要求も少なくなかった。生産部門では部品コードが整備されていたが、販売部門が使える部品コードはなかった。販売は「こんな部品」と口頭で伝えるしかなかったのだ。

部品をコンピュータ管理して共有することで、部品の間違いや発送遅れを防げる。生産部門がユーザーの声を直接聞けるというメリットも大きかった。提案は採用され、パーツセンター構想は91年に実現した。運営が軌道に乗ったのを確かめ、松浦は香港勤務へと旅立ったのである。

副社長時代に作成した経営ビジョンを実行に移す

2度目の中国勤務を終えた松浦は、98年に専務、99年には副社長に昇格。すでに財務と人事以外の業務は経験し、3代目就任は既定路線となっていた。

次のトップには、国内の出生数が減り続けるなかでの、難しい舵取りが求められている。

「中堅社員を集めて『2010年委員会』をつくり、コンビの将来について侃々諤々《かんかんがくがく》の議論をしました。そこから生まれたのが、海外の大手メーカーに伍《ご》して世界市場で生き残る『グローバル企業になろう』という経営ビジョンです」

さらにグローバル企業実現に必要な項目を3つのキーワードにまとめた。〝ブランド認知度〟〝クオリティ〟〝人と組織の活性度〟である。

そして01年4月、松浦が正式に3代目の社長に就任する。先代の現会長から「そろそろやるか」と言われたのが、最終的なGOサインだった。

社長に就任すると、3つのキーワードに沿った具体策を次々と実行に移していった。ブランドプラットフォーム（ビジョン・ミッション・バリュー）を策定し、02年にはブランドのロゴマークを刷新した。

このブランドプラットフォームおよび新ブランドロゴを、社内外へ発表した日である5月18日を「ブランドデー」に定め、ブランド価値を高める行動をした社員を表彰している。量販店などでの行きすぎた値引き販売も中止した。

松浦は人と組織を活性化するため、「コロンブス制度」も新たに導入した。社員の新規事業や業務改善提案を促し、プロジェクト化して実行する制度だ。新規事業に関しては、プロジェクト段階に進んだ例はあるが、事業化には至っていない。

「商品クオリティも向上させていますが、まだ発展途上だと思っています」

２０１０年まで残り2年を切った。

真のグローバル企業になるための経営手腕が問われている。

Combi

コンビ株式会社

所在地：東京都台東区元浅草2―6―7
創業：1957年
資本金：29億9192万円
売上高：270億4000万円（08年3月期、連結）
従業員数：247人
業務内容：ベビー用品の開発製造販売

■コンビの歩み

1957年　医療器械および医療補助品等の製造ならびに医薬品販売会社として設立
1961年　「コンビ」の商標で哺乳瓶などの生産を開始
1968年　現社名に社名変更
1991年　香港に生産開発販売拠点を設立

2000年　ベビーアパレル分野に本格参入
2002年　店頭市場から東証二部に上場
2003年　東証一部に指定替え

■松浦弘昌プロフィール

1959年　東京都に生まれる
1983年　慶應義塾大学法学部卒業後、ぺんてる㈱入社
1987年　コンビ㈱入社
1998年　専務取締役
2001年　代表取締役社長に就任

趣味：海外旅行
座右の銘：人生万事塞翁が馬

第3章　運命《さだめ》を受け入れ自ら切り開いた男たち

技は継がずに経営を継ぐ

株式会社田谷
代表取締役社長　田谷和正（たや・かずまさ）

田谷は１９６４年に創業した業界最大手の美容室チェーン。現在の田谷哲哉会長が、東京オリンピック開催日の10月10日に「田谷哲哉美容室」を千代田区麹町にオープンしたのがはじまりだ。97年の店頭公開に続き、２００１年には東証一部上場を果たした。

現在は「ＴＡＹＡ」「クレージュ・サロン・ボーテ」など、全国にコンセプトの異なる６ブランド・１４５店舗の直営美容室をチェーン展開している。

03年、創業者の息子で、旅行会社出身の田谷和正が社長に就任。拡大路線を修正し、赤字経営からの脱却を成し遂げた。

破綻していた拡大路線を修正

拡大路線にかげりが生じていた。

東証一部上場の約1年前から、既存店のなかに前年度の売り上げを下回る店舗が出はじめていた。当時常務だった田谷和正は、不安を感じていたものの、軌道修正するまでには至らなかった。

当時の田谷は一部上場に向けて新規出店を加速中。実現すれば業界初の快挙であり、古い体質が残る美容業界の社会的地位向上にもつながる。新規出店を最優先し、既存店のフォローがおざなりになっていた。だが、多少売り上げが落ちても、出店効果で会社の業績は上がっていくとの算段だった。

一部上場を果たし、田谷和正が創業40周年の03年に2代目社長に就任すると、不安はついに現実のものとなる。田谷は創業以来初めて、既存店の売上減が新規出店による売上増を上回ったのだ。

加えて、新店舗での売り上げも伸び悩み、2期連続の赤字を計上した。かげりどころか拡大成長戦略は破綻していたのである。

「最大の原因は、店舗拡大のスピードに人材育成が追いつかなかったことです。接客が命の美容室では致命傷でした」

田谷は「いずれ新規出店は再開するが、今は足元を固める時期だ」と出店を控え、既存店の建て直しに注力する決断を下した。不採算店の20店舗も閉鎖した。

原点回帰で接客の質にこだわる

拡大路線のかげりを感じていた田谷和正は、社長就任と同時に大規模な店舗調査を実施している。全店舗に『お客様のご意見箱』を設置し、メールと合わせて顧客から多くの意見を募った。

「お褒めや激励もありましたが、半分以上が不平・不満、クレームで、そのほとんどが〝接客〟に関するものでした。お客様から『身だしなみの乱れ』『言葉づかいが良くない』『清掃が行き届いていない』といった意見が相次いで寄せられました」

ショッキングなデータだったが、これはスタッフだけの責任ではない。インストラクターは新店舗のスタッフ育成に忙しく、既存店にまで手が回らなかったのだ。

田谷和正は新たに「接客道場」を開設し、毎年テーマを決めて人材育成に本格的に取り組みはじめた。

1年目は「質の向上」、2年目は「志を高く」、3年目が「技の再強化」、4年目のテーマは「源流回帰」だった。2000人弱の美容員の技術力を的確に把握するため、1人ひとりのスキルを本部で一括管理できるシステムも導入した。

05年度、06年度と田谷は2期連続で黒字化を達成した。足元を固める改革は一定の成果を得たことになる。07年度は首都圏を中心に、10店舗程度の新規出店を再開している。

美容師ではないパパママ美容室の4代目

田谷和正は美容室経営の4代目でもある。曾祖母が明治時代に美容室を開き、祖父は千葉県・成田で開業した。父である田谷哲哉会長の代に法人化し、美容室のチェーン展開に乗り出した。

全国に約22万店ある美容室は、大きく2つに分かれる。法人・組織が運営するチェーン店やカリスマ美容師を抱える大型店と、個人経営・地域密着型のいわゆる「パパママ美容室」である。

法人運営の美容室は全体のわずか4％にすぎない。田谷もまた先代の時代までは、店のオーナーが美容師を兼ねるパパママ美容室のひとつだった。

「美容師が3代続いているので、親戚にも子どものころから『(4代目は)どんな美容師になるのか楽しみ』と言われ続けて育ちました。先代の父は、マスコミにも登場する、今で言うカリスマ美容師のはしり。とても父のようにはなれないと思っていました」

88年に専門学校を卒業した田谷和正は、異業界の旅行会社に就職。美容師の国家資格を持っていないため、「美容の世界に戻ってくる」つもりはなかった。

ビジネス経験を家業に役立てる

状況が変わったのは約3年後。

業界初の株式上場を目標とする田谷は直営チェーンに加え、ＦＣ展開によるビジネス拡大に挑戦しようとしていた。当時、田谷の店舗は関東に限られ、地方へは出店していなかった。

労働集約産業の美容業界では一店舗の売り上げに限界があり、会社としての成長には全国規模での出店数の増加が不可欠だった。当然、プロジェクトのリーダーには、美容師としての腕ではなく「ビジネスのスキル・経験」が求められる。

「何かの形で家業のビジネスに役立ちたいとは思っていた」

と言う田谷和正は、旅行会社を辞めて田谷に入社した。家業を継ぐつもりはなかっ

た。だが、FC展開は失敗に終わる。田谷が要求するクオリティを維持できなかったからだ。

「すぐに軌道修正しました。アパレル会社と合弁会社を設立し、ファッションブランドの名を冠することで、地方での知名度不足を補いながら、直営店の質を維持できる仕組みをつくりました」

91年に、「クレージュ・サロン・ボーテ」を運営する合弁会社を設立。田谷和正はクレージュサロン営業部長に就任した。

出店数を拡大した田谷は97年、店頭公開を実現する。翌年には、低価格サロンの「Shampoo」をオープンし、多ブランド化による拡大路線で売り上げを増大させていく。その終着点が一部上場だった。

実績を背景に、田谷和正は社内で経営を担う人材に成長していた。03年、社長就任時の店舗数は160店余り。1人ですべてをマネジメントできる規模ではなくなっていた。

技術面は会長と古参の役員、IT活用やブランディング、組織マネジメントなどは田谷和正が舵取りする。2代目は技を継がずに会社経営を引き継いだ。

付加価値で新規顧客を獲得

田谷和正は就任後、新サービスの開発とキャリア開発を積極化している。

美容業界は低価格化と高級化の二極化が進み、しかも自分で自分の首を絞めかねない割引が横行している。

田谷の6ブランドは低価格から中・高級店までを網羅するが、業界の動きとは一線を画する。

「割引をせず、付加価値を提供する。例えば、お店でスタッフが顔のしわやたるみ防止に効果のあるヘッドマッサージを無料で行ったところ、リピート率が高まり、新規顧客が3倍に増えました。手ごたえを感じましたね」

現在は、顧客アンケートに基づいて開発した3種類から選べるヘッドマッサージと、パーマなどの待ち時間に行うハンドマッサージを無料でサービスする。せっかく非日常体験の美容室に行くなら、田谷を選びたいと思わせる仕掛けだ。

社員に多様なキャリアを用意

美容業界は人材がすべてだが、ゼロからの人材育成には時間がかかる。そこで中途採用や、結婚・出産などを機に退職した元美容部員の再雇用を推進している。短時間勤務も認める多様な雇用制度などを新たに導入し、退職した人材の受け入れ態勢を整えた。年配の顧客には、経験豊富なベテラン美容師の落ち着いた接客が好評だという。

また美容の世界では、年配の男性よりは20代の若い美容師に髪を任せたいという女性心理が働くため、男性美容師が現場に立てる期間が短いとされている。そこで田谷和正は美容師以外の職種を増やすなど、社内に多様なキャリアパスを用意した。

新規出店を再開した同社が目指すのは、質のともなった拡大路線の継続である。土台づくりを終えた2代目は今、新たなチャレンジに挑んでいる。

株式会社田谷

所在地：東京都渋谷区神宮前2—18—19
創業：1964年
資本金：14億8018万円
売上高：134億2900万円（07年5月期）
従業員数：1897人
業務内容：直営美容室のチェーン展開

■田谷の歩み

1964年　会長の田谷哲哉氏が創業
1975年　㈱田谷を設立
1991年　「クレージュ・サロン・ボーテ」をオープン
1997年　株式を店頭公開
1998年　「Shampoo」をオープン

２００１年　東証一部上場

■田谷和正プロフィール

１９６７年　東京都に生まれる
１９８８年　東京外語専門学校卒業
　　　　　㈱日本旅行入社
１９９１年　㈱田谷入社
１９９５年　クレージュサロン営業部長
２００１年　常務取締役社長室長
２００３年　代表取締役社長に就任

趣味‥スーパー銭湯巡り
座右の銘‥清廉潔白

50周年を機に挑む「創造と破壊」

本多電子株式会社
代表取締役社長　本多洋介（ほんだ・ようすけ）

世界で初めてトランジスタ式ポータブル魚群探知機を開発した本多電子。創業者の息子である本多洋介の2代目就任は1987年。就任早々、ブラックマンデーや急激な円高の影響で、売上の7割を占めていた米国市場からの撤退を余儀なくされる。多額の借金を抱える嵐の船出だった。

以後、超音波技術の研究開発に経営資源を集中し、同社の多角化を成功に導いた。先代の教えを胸に、独自のモノづくりに挑戦している。

マイナスからのスタート

「天国から地獄へ」とはこのことだった。

米国留学を終えた本多洋介は1985年、社長室室長に就任。入社時に漠然と意識した2代目就任の道筋が、前方に向かってまっすぐ伸びていた。

56年に本多電子が世界で初めて開発したポータブル魚群探知機の販売は好調だった。70年代前半には米国に進出し、「良い魚探を作れば売れる」時期が続いた。売上の9割は魚群探知機で、その多くを対米輸出が占めた。海外ブランドも手に入れ、世界トップメーカーに成長していた。

まもなくプラザ合意後の急激な円高ドル安から、87年のブラックマンデーに至る米国の景気低迷が対米依存経営の同社を襲う。対米輸出は半減し、赤字続きの同社では借金だけが膨らんでいった。経営状態は一転して危機に瀕した。

こうしたなか、87年には創業者の先代が会長に退き、本多が2代目の社長に就任した。

「早急に会社の出血を止めるため、米国の現地法人や欧州の駐在事務所を閉鎖し、代理店販売を除いて海外市場から撤退。生産ラインを縮小し、大幅な人員配置の見直しを行いました」

超音波応用機器の総合メーカーに生まれ変わる

本多は生産をアウトソース化し、魚探で培った超音波技術に特化した研究開発型企業への転換を目指したのである。つまり、本多電子は魚探メーカーから現在の「超音波応用機器の総合メーカー」に生まれ変わろうとしていたのだ。

社内の根強い反対と抵抗に遭う。

それでも会社を建て直すには、限られた経営資源で新しいモノを生み出すことに集中する必要があり、従来の生産体制を維持する余裕はなかった。

一般的に、研究開発型企業の経営の難しさは、最先端の研究開発が即、「市場で売れる製品づくり」に直結するとはかぎらないことにある。また、生産を外注化することで、品質管理がより困難になるリスクも抱える。「独自性のないものは開発しない」という先代の教えを踏襲する同社では、なおさらこのリスクには敏感だった。

そこで同社は、新たに「オープンテクノロジー」という考え方を掲げて実践する。保有する独自の先端技術を、自ら公開・発信したのだ。その狙いを、本多はこう説明する。

「超音波技術という独自技術を持っていても、自社の力だけで市場性の高い製品化は不可能です。当社の最先端技術を外部にプレゼンテーションすることで、独自技術を生かした、製品化につながる新しい人材や異分野企業との出合いが生まれます。手の内を隠していては協力者も現れません」

さらに、過去の失敗に学んだ本多は「どの市場に進出するか」に関して、明確な基準を設けている。〝自社の技術優位性があると同時に、収益が安定的に得られる〟分野かどうかだ。

90年には産業機器分野に進出し、94年にはメディカル事業部を設置して超音波診断装置を中心に医療分野へ本格参入した。海洋分野では、従来の魚探に加え、海上調査、土木・河川測量用の水中計測器などに事業範囲を広げた。

現在では超音波技術で互いにリンクしあう、3分野6事業部の多角化に成功している。

叱咤のみの社長修業

2代目の苦闘は会社の危機だけではなかった。先代によるスパルタ方式の社長修業が待っていた。

本多は会社創立の年に生まれた。大学では物理学を専攻し、本多電子に入社。翌年から、大学の研究室に通い詰める日々が2年間続いた。

「先代は79年に、外部調達していた重要部品を自社生産するため、生産工場を稼動させています。私には研究成果を量産化に生かす役割が期待されていました」

会社に戻って量産化に取り組むものの、研究段階と量産化のギャップは大きい。

本多は悪戦苦闘の末、魚群探知機用センサーの量産化にめどをつけた。

84年には、米国の大学に留学。帰国後は社長室室長として経営の勉強もしていたが「セラミックス事業部の技術係長的な仕事が多かった（笑）」と言う。

「父が会長に退いたのは、内部の管理を社長の私に任せ、自分は超音波の研究や教育など会社外の仕事がしたかったからではないでしょうか」

最初から二人三脚を前提とした社長就任だった。そこに未曾有の危機が会社を直撃した。叱咤激励ではない。「叱咤」だけの経営者教育がはじまった。

「バカ者！」

「お前、何も考えてないだろ！」

「問題なのが分からないのか！」

本多は会社で叱られ、夜中と早朝の電話でたたき起こされては一方的に怒鳴られた。会長は問題を具体的に指摘しないので、何のことかさっぱり分からない。受話器を投げつけて壊したことも、1度や2度ではなかった。

10年を経て後継者に認められる

それでも夜中の電話があると、本多はひと晩寝ずに考える。たいてい思い当たるふしがあった。

「翌朝恐る恐る『このことですか』と聞くと、『分かっただろう。なぜ手を打たなかった』と言われます。まるで禅問答のようでしたが、『自分の頭で考えろ』という先代なりの経営者教育だったのでしょう。今はそう思えます」

就任から10年。すでに事業の多角化は軌道に乗り、借金返済のゴールが見えつつあった。2～3年前からは仕事以外の話も交わす関係になっていた。

本多は、

「後継者として認めてくれている」とようやく実感していた。

97年の正月が明けてすぐに先代は倒れ、そのまま帰らぬ人となった。

「計ったような最期でした。父は世界一周の船旅に出る予定だったので、2カ月先までアポを入れていませんでした」

第二の創業で未開のモノづくりに挑む

06年、本多電子は創立50周年を迎えた。本多は第二の創業と位置づけ、〝アウトソーシングを超えたモノづくり〟に挑む決意を明らかにしている。07年度は新たに、生産の研究を行う「生産ラボ」を設置した。

「社員には『もう一段上のモノづくりを、今までの経験則ではなく、ゼロから考え直してくれ』と伝えました。彼らには内製化したいという思いがずっとあったのでしょうね。社員の顔つきが変わりました」

今でこそ生産の外注化は当たり前のように行われている。だが、ほんの10年前までは、高付加価値製品のアウトソーシングには、二の足を踏む企業が少なくなかった。

いち早く取り組んできた同社には、高品質を確保しながら外注化するのに十分な管理体制とノウハウの蓄積がある。現状では、あえて先の見えないリスクを負う必要はない。

生産部門の役割を大きく変え、「ゼロから考え直す」のは〝破壊〟そのものである。「もう一段上のモノづくりという未開の生産スキル」への挑戦は〝創造〟を意味する。本多は破壊と創造を同時に進めると宣言したのだ。

「私はあの経営危機をとおして『企業は自ら変化しないと生き残れない』と確信しました。これは先代の教えでもあります。生産の外注化も10年後には、時代遅れになっているかもしれない。余力のあるうちに次を考えるべきなのです。つくり上げること、それを壊すことの両方が社長の仕事だと思っています」

本多電子は、07年中の着工予定で、本社の隣に新工場を建設する。

本多はまた、2つの新たな事業部を立ち上げ、軌道に乗せる仕掛けづくりも進めている。当面の数値目標は、売上高70億円・経常利益率10%以上を達成し、経営の安定を確固たるものにすることである。

本多電子株式会社

所在地：愛知県豊橋市大岩町小山塚20
創業：1956年
資本金：1億2000万円
売上高：51億3700万円（06年9月期）
従業員数：135人
業務内容：超音波技術を応用した製品開発

■本多電子の歩み

1956年　本多電子工業所を創立
　世界初のトランジスタ式ポータブル魚群探知機を開発
1979年　社名を現社名に変更、セラミックス生産工場を稼動
1991年　脱フロン型超音波洗浄機を開発
1994年　メディカル事業部を設置

１９９６年　「超音波科学館」をオープン
２００１年　家電製品分野に進出
２００６年　創立50周年

■本多洋介プロフィール
１９５６年　愛知県豊橋市に生まれる
１９８０年　京都産業大学理学部物理学科卒業後、本多電子㈱に入社
１９８４年　米国留学
１９８５年　社長室室長
１９８７年　代表取締役社長に就任
趣味：釣り
好きな言葉：人生は全人格の放射の結果である

先代の無念を3代目が晴らす

株式会社石村萬盛堂
代表取締役社長　石村僐悟（いしむら・ぜんご）

石村萬盛堂は1905年（明治38年）に創業した老舗の和菓子メーカーである。創業初期に開発した「鶴乃子」は、100年以上経った今も博多銘菓として消費者に愛され続けている。

1979年、2代目を継いだ父が亡くなり、息子の石村僐悟専務が3代目の社長に就任した。洋菓子ブランド「ボンサンク」を立ち上げ、本格的な焼き菓子の製造販売に注力し、かつて先代が挑んで失敗した洋菓子事業を成功に導いた。

石村はホワイトデー（マシュマロデー）の考案者としても知られる。

父が息子に託した洋菓子事業への想い

先代は、自分の無念を息子に晴らしてほしいと願っていた。

昭和20年代まで博多銘菓と言えば、石村萬盛堂の「鶴乃子」の名前が必ずあがった。しかし、その後はしだいに他社の和菓子にシェアを奪われ、ついには2番手、3番手の地位に甘んじることになった。

1953年（昭和28年）には、洋菓子事業を小規模でスタートさせたものの、この分野は常に赤字だった。明治時代に創業した祖父の後を継いだ2代目の父は長く病気を患っており、祖父が興した石村萬盛堂を守る経営に徹していた。役員時代の石村が出した提案に対しても、父はことごとく却下した。

そんな父が唯一と言っていいくらいに賛成し、後押ししたのが、79年4月に始めた新たな洋菓子事業「ボンサンク」ブランドの立ち上げである。

「父もこれからは絶対、洋菓子の時代が来ると考えていたようです。そして『鶴乃子』は景気に左右されやすい土産需要がほとんどで、土産物以外の需要に対応して経営の安定拡大を図る狙いもありました」

先代は、

「お前の代でおしもどしちゃんない（昔のように盛り返してほしい）」と言い、洋菓子事業の成功を3代目に託したのだ。

半生の焼き菓子でブランドも一新

ボンサンクは西鉄名店街の一画にある、わずか4坪の売り場からスタートした。石村のアイデアで、和菓子のイメージが強い石村萬盛堂の名前は、一切出さなかった。

「神戸かどこかのお菓子屋さん？」と思わせる、ブランド戦略の一環である。販売する洋菓子にも工夫を凝らした。当時は生クリームのケーキが主流だったが、同社にはまだ高水準の生洋菓子を製造できるだけの技術がなかった。

自社の技術ででき、他社にないものはと考えて思いついたのが、半生の焼き菓子だったのだ。

「技術不足は良い材料を使って丁寧に焼き上げることで補い、パッケージにも高級感を持たせました。焼きっぱなしのケーキにチョコレートをかけた『ショコラボア』をつくり、これが後に大ヒットのロングセラー商品となりました」

だが、当初はほとんど売れなかった。事業の成功はおろか、黒字化のめども立たない。9月に入院した先代が、病床でボンサンクの売れ行き不振に悩む息子を励ました。

「よかばい、辛抱してやってみい。あれはよか。続けたら絶対に花開く」

その年の12月に先代が他界し、石村が跡を継いだ。会社と洋菓子事業の行く末は依然として不透明のままであった。

3代の蓄積がボンサンクに結実

打開のきっかけは結婚式場。発想の原点は、入社直後の東京営業所長時代の経験にあった。

「私は父が40歳のときの子どもで、跡継ぎにとの思いがあったため、厳しく育てられたと思います。入社後も一からの修業を命じられ、東京営業所時代は経理、配達、営業と何でも経験させられました」

東京では一部のデパートでのテナント販売を行っていたが、デパート側の取り分も多く、店舗に社員を常駐させるコストに見合う売り上げが上がっていなかった。石村は取引先として結婚式場に目をつけた。「鶴乃子」は、縁起を担ぐ披露宴の引き出物にふさわしいとの判断だった。複数の結婚式場で採用が決まった。

東京営業所を黒字化した石村は福岡の本社に戻った。28歳で専務に昇進し、3年後には社長に就任した。不振だったボンサンクの半生洋菓子が1番売れる市場はどこかと考え、結婚式場を選び出したのも石村のアイデアである。

当時の引き出物は水引がついているなど、縁起を担ぐ意味でも和菓子がほとんど。しかし、定番の大きな羊かんやまんじゅうの多くは、持ち帰っても食べずに捨てられているのが現実だった。

その点、半生の焼き菓子は、持ち運ぶ途中で生クリームケーキのようにずれて変形しないうえ、生より日持ちする。しかも、個装なので好きなときに食べたい分だけ食べられる。引き出物やギフトには最適な洋菓子だったのである。

「西鉄グランドホテルでの採用が決まると、お客様の評判がよく、ホテルへの導入が広がりました。さらに、博多駅前店を数千万円かけて改装して売り出したところ、売り上げが急増しました」

ボンサンクのスタートから数年後のことである。

そして石村は洋菓子時代の到来を待って、洋菓子店舗の積極展開を開始した。現在、同社の売上に占める洋菓子事業の割合は約60％に達する。石村社長は先代の無念を晴らしたのだ。企業理念である時代の1番先を行く「創造と革新」をしっかりと受け継ぎながら。

初代の祖父は、「競争はするな、勉強をせよ。人が角張ったものをつくれば、こちらは丸いものをつくれ」と、「鶴乃子」を開発した。

鶴乃子は、明治末期としては斬新な米国直輸入のマシュマロ技術を用いた和洋折衷のはしり。3代目は生と乾きものが主流の洋菓子界に半生の焼き菓子を持ち込み、結婚式場という新たな販路も開拓した。

2代目は戦後の早い段階に生洋菓子のショートケーキを作り始めた。このときの決断と培った洋菓子技術の蓄積がなければ、3代目の時代にボンサンクが花開くこともなかった――。

次代を見据えた社内の活性化

石村は今、石村萬盛堂の次代を見据えた社内改革に取り組んでいる。06年4月に設置した戦略会議もそのひとつだ。

2カ月に3回開催される戦略会議は、販売、生産、開発、企画の各部門から30人ほどが出入り自由で参加できるブレーンストーミングの場である。石村は社内に蔓延する世襲の弊害を感じていた。

「これからのお菓子づくりは、新しい感覚を持った人たちに開発してほしい。ところが、どうしても私に頼ってしまうため、その雰囲気を払拭したかったのです」

戦略会議はただアイデアを出し合う場ではない。良いアイデアには予算がつき、会社の正式なプロジェクトとして実行に移される。石村は戦略会議の判断を尊重し、実行にともなう予算金額を決めることが最大の役割となる。

社長抜きの成功プロジェクトも

発売初年度に10億円弱を売り上げたレーズンサンドの「シャン デ レザン」は、戦略会議発の大ヒット商品。ただ、石村は最後の段階で遠回しに口を出した。パッケージを「紫」か「白」基調にするかで、戦略会議は「白」を選んだ。素材のぶどうと高級感のある洋菓子というイメージを表すには、「白」よりも「紫」がふさわしい……。

「社長の権限で変更させてはせっかく戦略会議の場を設けた意味がないので、『取引先の意見を聞いてみたら』と提案しました。案の定、取引先全員が紫を支持し、会議の結論はくつがえりました」

もちろん、完全に石村の意見抜きで進められたプロジェクトの成功例もある。例えば、若手中心の会議から生まれた、原宿のキデイランドなどで販売されるマシュマロの「マフィ」というキャラクター商品がそう。

「キャラクター商品という発想は、私にはありませんでした。社内の雰囲気が変わりつつあると実感しましたね」

老舗だから生き残るのではない。「創造」と「革新」を繰り返せる企業だけが、時代を超えた老舗となる資格があるのだ。

萬盛堂
萬盛堂

株式会社石村萬盛堂

所在地：福岡県福岡市博多区須崎町2―1
創業：1905年
資本金：3600万円
売上高：87億円（07年6月期、グループ合計）
従業員数：正社員260人（パート・アルバイト770人）
業務内容：和菓子・洋菓子の製造販売

■石村萬盛堂の歩み

1905年　祖父が石村萬盛堂を創業
1907年　博多銘菓「鶴乃子」を販売
1953年　先代が洋菓子の製造販売を開始
1977年　マシュマロデー（ホワイトデー）のイベントを開催
1979年　洋菓子ブランド「ボンサンク」を始める

２００６年　社内に組織横断の戦略会議を設置

■石村僐悟プロフィール

１９４８年　福岡県に生まれる
１９７１年　東京大学経済学部卒業後、㈱石村萬盛堂入社
　　　　　東京営業所長
１９７４年　取締役
１９７６年　専務取締役
１９７９年　代表取締役社長に就任

趣味：読書、謡曲
好きな言葉：耳順

不退転の決意で経営の自立化を勝ち取る

株式会社レスター
代表取締役　清水康次（しみず・こうじ）

レスターは、個人顧客を対象にしたインターネット専業の縫製工場である。自社のＨＰを通じて顧客自身が作りたいオリジナルのＴシャツやトレーナー、ユニフォームなどの注文を１枚単位から受け付けて縫製・納品する。同社は長年、大手アパレルの１００％下請け工場だった。

１９７８年、先代である父の急逝により、高校生の清水康次が10代の若さで工場経営を実質的に継ぐことになったのだ。

座して死を待つより自ら打って出る

事実上の死刑宣告だった。

1995年、レスターをはじめとする大手アパレルの協力工場に対して、「年間稼動を保証しない」との方針が伝えられたのだ。労働集約産業の縫製業は生産拠点の海外移転がいち早く進み、国内の下請け工場各社は受注量の減少と単価の引き下げを余儀なくされていた。

厳しい要求を突きつけられながらも会社を維持できたのは、工場を年間稼動できる必要最小限の受注量が確保されていたからである。ましてやレスターは先代の時代から数十年にわたって、大手アパレル1社の受注に100％依存していた。

2代目社長の清水康次は当時35歳。経営を継いで17年の月日が経っていた。「このままでは会社が立ち行かない。ならば座して死を待つより攻めの経営でピンチをチャンスに変えたい」と、下請け工場からの脱却を決意する。だが、下請けからの脱却は言うほど簡単ではなかった。

他社の模倣ではなく自社の強みを生かす

清水はまず、社員がデザインした自社企画商品を製作した。北陸地方の主な小売店を営業して回ったが、すべての店に断られた。アパレル商品はブランド力やデザイン力で売れる。いくら品質が良くても、縫製工場の自社商品を好んで買う消費者はいない。すぐに方針転換した。

「縫製工場である自社の強みとは何かを徹底的に考えました。その結果、顧客が希望する商品を忠実につくる能力だと気づき、個人顧客がつくりたいオリジナル商品の直販ビジネスに着目したのです」

顧客がつくりたい〝世界にひとつのオリジナル商品〟であれば、弱みのブランド力やデザイン力は問われない。そのうえ、自社の強みを最大限に生かして高品質商品を安価で提供できる。しかも、個人顧客からの注文は小ロットのため大手は参入せず、値段を叩かれることもない。

「極端な話ですが、1枚作って1円の利益が出るほうが、1万枚作って5000円儲かるより利益率は高いと判断しました」

大手アパレルからの圧力

問題は販売チャネルの開拓だった。

独自に開発したネットオーダーシステムを携えて再度、北陸地方の小売店を回るも取引までには至らない。思いきって東京の大手百貨店に売り込むと、即座に成約。97年11月に販売を開始した。

「百貨店内に設置したパソコンから注文を受けつけました。それなりに売れたのですが、売り場で長時間足を止めてもらうのは至難の業で、パソコン1台で売れる枚数にも限界がありました」

だが、レスターはもっと深刻な事態に直面していた。

百貨店で売り場を確保したことが業界紙の報道を機に伝わり、大手アパレルメーカーの逆鱗に触れたのだ。清水への圧力は仕入先にまで及んだ。

「元請けと下請けの関係は階級制度のようなもので、上の階級へ上がろうとすると、上流階級から強烈な反発をくらいます。言い方は悪いですが、奴隷はずっと奴隷をしていろ、ということなのでしょう。実際、取引先の部長から『お前のところが、生地を買えないようにしてやろうか』と言われたこともありました」

そのときは取引先の社長の機転でなんとか危機を回避できたが、このままの形でビジネスを継続すれば、さらに強烈な反発を招くのは確実だった。

初年度売上は月1万5000円

清水が新たな販売チャネルとして目をつけたのが、インターネットである。

「自宅のパソコンから自由にアクセスできるインターネットなら、お客様が注文されるときに、いろいろ迷ったりする時間の制約もなくなります。大手アパレルとの摩擦も避けられるかもしれないと考えました」

98年4月、レスターは「マイファクトリー」というホームページ（ＨＰ）を開設。

「オリジナルTシャツ・トレーナーの直販」に本格進出した。

ところが、注文はほとんど来ない。初年度の1カ月平均売り上げは、わずか1万4952円。それでも清水のビジネスモデルに対する自信は揺らがなかった。

ネットを徹底研究し3年目に60倍の売上を達成

「開設当初は会社案内風のきれいなデザインで、情報の伝え方に問題がありました。パンフレット持参の営業マンがセールストークで売るのと同様、高品質かどうかを顧客が判断できる追加情報が必要でした」

翌99年、マイファクトリーは劇的に変化する。

洗練されたデザインを一新し、〝メーカーもショップも出したくない＝消費者が一番知りたい〟情報を積極的に公開した。良いTシャツの見分け方、襟で見分ける工場の技術の有無、縫い目で見分けるTシャツの品質などは、下請けからの脱却を決意した縫製工場にしか掲載できない情報だった。

社員からの反対意見もあったが、現場ならではの情報を発信すればするほど注文数が増加した。2年目の売上は前年の約3倍、2000年は前年の19倍に急増した。注文は順調に伸び続け、レスターは2003年、インターネット専業の縫製工場に100％移行した。現在は従業員全員の仕事をネット受注のみで賄う。清水は念願だった下請け工場からの脱却に成功したのである。

一からインターネットを勉強

もともとネットに詳しかったわけではない。コンテンツの充実はもちろん、自社HPにできるだけ多くのユーザーを誘導するため、常に工夫を凝らしているのだ。どんなキーワードで顧客が自社HPにたどり着いているかを調べるアクセス解析やSEO対策は基本中の基本。BtoCの人気サイトとの比較も、フリーツールを使って定期的に検証して改善に役立てている。

マーケットリサーチも欠かさない。上位にヒットしやすい検索キーワードを探し出し、おおよその市場規模を算出するツールも活用。日ごろの分析結果に基づいて、ペット用の服なども新商品に加えられ、受注拡大に一役買っている。

「これしかないと不退転の決意で勉強した結果です。技術進化の激しいネットの世界は、過去の成功モデルが一瞬で通用しなくなる可能性があります。ですから、現在も勉強会に出席して最新知識を得るとともに、人のネットワークづくりも積極的に行っています」

顧客の声こそが最高の社員教育

レスターのネット注文システムはかなりの工程が自動化されているが、どうしても細かい部分については、顧客とのメールなどのやりとりが必要になる。

ひとつの注文を1人で完成させる仕組みにしたことで、従業員の意識も大きく変わった。個人顧客の多くは「子どもの誕生日に着せたい」といった明確な目的があってオリジナル商品を注文する。品質と納期順守は絶対で、スタッフは顧客とのやりとりをとおして、その想いも共有しているのだ。

「納期に間に合いそうにないからと自発的に残業したり、クレームをなくすにはどうしたらいいかを職場で真剣に議論しています。会社が強制しなくても、お客様の声以上の社員教育はないと実感しました」

清水は「長男に会社を継がせるのか」と聞かれることが少なくないと言う。

「可能性はゼロではありませんが、基本的には会社経営に世襲はありえないと思っています。この会社の将来にとって、ベストな人材に経営してもらうのが一番ですし、社内でトップを継ぎたいと思う人材が現れなければ、魅力的な会社ではなかったということですから」

大手アパレルの死刑宣告で会社存亡の危機にあったレスター。経営の自立化を実現した今、同社の経常利益率は10％を超えているという。

株式会社レスター

所在地：富山県高岡市戸出放寺57—2
創業：1959年
資本金：2200万円
売上高：非公開
従業員数：18人
業務内容：オーダーメイド衣料品の製造販売

■レスターの歩み

1959年　縫製工場として創業
1965年　大手アパレルメーカーとの取引を開始
1989年　工場の新築移転にともない法人化
㈱レスターに社名変更
1998年　直販の自社HPを開設

２００３年　インターネット専業の縫製工場に移行
２００６年　経済産業省・ＩＴ経営百選の最優秀企業に認定

■清水康次プロフィール

１９６０年　富山県に生まれる
１９７８年　父が急逝し、母が代表取締役に就任
１９７９年　富山県立高岡商業高校卒業
１９８９年　代表取締役に就任

趣味：打楽器演奏、音楽鑑賞、スキー、模型づくり
好きな言葉：私はできる

「先手必勝」の理《ことわり》を定着させる

株式会社白元
代表取締役社長　鎌田 真（かまだ・まこと）

ホッカイロやアイスノン、パラゾールなどの商品で知られる大手日用品メーカーの白元。

最近はロングセラーの定番商品に加え、現代版湯たんぽの「ゆたぽん」やコンビニで買える酸素サプリメント「オーツーサプリ」の大ヒットで、各界の注目を集めている。

1923年創業の老舗企業に新たな流れをもたらしたのが、創業者の孫であり、

2代目を父に持つ鎌田真である。2006年、3代目の叔父の跡を継ぎ、39歳で白元の4代目社長に就任した。ハーバードビジネススクールでMBAを取得した理論派経営者が、全社的な経営改革を実践している。

長年続いた赤字を生み出す商品開発

会社のためによかれと思って長年していたことが、実は会社を危機に陥れる元凶だった…。

この厳然たる「事実」を社員に納得させ、実際の行動を変えるのに多大な時間を要した。鎌田真の改革は、このためにあったと言っても過言ではない。

鎌田が白元に入社した1991年ころ、同社の業績は一見、順調だった。まだ経営上の重大なリスクが表面化していなかったからだ。

しかし、商品別の収益は将来の危機をすでに明示していた。多彩な商品群を抱える同社だが、利益の大半はシェアトップを誇る定番のロングセラー商品に集中していた。シェア3番手以下の商品は当然、大幅な採算割れの状況にある。

驚くことに2番手の商品ですら、ライフサイクル全体の収支を見ると、よくてトントン。しかも、発売時の2番手商品に追加投資をして、その後「逆転一位」となる確率はたった3割しかなかった。平均では結局「赤字」だったのだ。

要するに、発売当初からトップシェアの「先行逃げ切り型商品」だけが、会社の利益に貢献していたのである。

「当社では、利益を生む定番商品の売り上げが下がりつつあり、2番手以下の商品から発生する赤字との差額が詰まっていました。今のうちに手を打たないと、いつか会社が赤字に転落することは十分推測できました」

鎌田は会社の現状に強い危機感を抱いた。

冒険しない社風の壁に改革を阻まれる

残念ながら、数字が証明する〝先手必勝の理《ことわり》〟は受け入れられなかった。

当時の白元では、あえてリスクを犯して市場を創造する独自商品にトライするより、競合他社が開拓したヒット商品の2番手を目指すのが是とされていたのだ。長年の慣習などから、社員はそれが会社のためだと信じていた。それが鎌田には信じられなかった。

「『他社商品がヒットしたので、今から出せば間に合います』という言葉を企画会議で何度聞かされたことか。実際は、他社の後追い。モノマネ商品の開発を決めた瞬間、高い確率で会社の赤字を増やすに等しいにもかかわらずです。創業以来のロングセラーに恵まれた結果、冒険しない社風になったのも否めない事実でした」

後継者となることは既定路線だったが、当時の鎌田は実績のない20代。社内の危機意識が希薄な状態では、いくら理屈で説明しても、経験豊富な社員たちに否定されて終わりだった。

鎌田は力をつけて、自らの手で白元の社風改革を実践したいとＭＢＡ留学を決意した。

改革の機は熟した

ハーバードビジネススクール（ＨＢＳ）留学前の95年に創業者の祖父が亡くなり、留学中の97年冬には、先々代の父が亡くなった。叔父が３代目を継ぎ、翌年ＭＢＡ取得後に帰国した鎌田は取締役に就任する。理論に、説得力がともなう30代を迎えていた。

「改革の前提となる危機感が社内で醸成されていました。外部環境の変化を実感せざるをえない状況だったのです」

同じころ、先手必勝の理をあらわす事件が起きていた。

白元は洋服ダンス用防虫剤の市場投入で後手を踏み、必死の巻き返しを図った。防虫剤は創業以来の主力事業で、他社の後塵を拝することは許されない分野だった。

上位３社が熾烈なトップ争いを繰り広げ、90年代後半に決着がついた。白元は防虫剤市場で２番手に後退した。機は熟した。鎌田は、他社のマネをしない独自の商品開発へシフトする取り組みを本格化させた。

新たな市場として「女性の更年期障害」を想定し、カテゴリー別開発の枠を超えたプロジェクトチームをつくった。

「女性の冷えに着目して生まれたのが、アイスノンの素材を電子レンジで暖めて使う現代版湯たんぽの『ゆたぽん』です」

ゆたぽんの発売は2000年。このネーミングを商標登録しようと調べたところ、アイスノンを開発した30年以上も前に「白元が商標登録していた」という。嘘のような本当の話だ。ゆたぽんのシェアは実に99%。他社にマネされるトップシェア商品に成長している。

さらに02年には、大正製薬からの事業譲渡で新たに進出した殺虫剤分野でも大ヒット商品が生まれる。泡で包んで退治するという、新発想のゴキブリ殺虫剤の「ゴキパオ」だ。

「先手必勝方式で会社の利益に直結する大ヒット商品が誕生し、2位商品からの逆転もないと経験したことで、社員の意識が明らかに変わってきました」

目に見える変化で改革の本質を伝える

ここで手を緩めないのが、鎌田のＭＢＡ流社内改革の真骨頂である。改革の方向性を象徴する人材を意図的に作り出した。

「これまで社内で評価されていなかった人材が、パラダイムシフトによって一転、スター社員に生まれ変わる。目に見える変化で改革の本質を社員に理解してもらうのです」

その筆頭が大手コンビニとの共同開発で大ヒット中の「オーツーサプリ」を仕掛けた女性マーケッター。彼女はクリエイターとして白元に転職したが、モノマネ開発が主流の社内では「異端児」扱いされていた。斬新なアイデアは潰され、活躍の機会にも恵まれてはいなかった。

だからこそ、鎌田は彼女を新規事業開発部門のマネジャーに抜擢した。モノマネ嫌いの人しか、独自の商品開発を追求できないからである。

目論見は当たった。白元では「彼女のような独創的な挑戦を是とする社風」ができつつある。

鎖国を解き開国の道を選ぶ

鎌田がMBA留学で学んだのは、世界標準の経営理論だけではない。HBSでは97年、授業のひとつとしてファミリービジネスの講座を開始した。鎌田はその第1期生である。ケーススタディ方式の授業が3カ月にわたって行われた。

「同族による骨肉の争いなど、生々しい事例がほとんど。ファミリー企業の悩みは世界共通だと思いました。好きではなかった親族の集まりにも、留学後は率先して顔を出すようになりました」

一番勉強になったのは、

「事業と同様、創業家の家族関係や株主同士の関係も時期やステージに応じて変化すること」だと、鎌田は語る。

白元の場合は、第2世代から創業者の孫たちである第3世代への移行期にあたる。

株主の範囲も広がり、成熟かつ複雑化したファミリー企業として難しいステージにあることが分かったのだ。

「取締役会での発言者と株主総会の参加者は同族ばかりなので、コーポレートガバナンス（企業統治）は『鎖国』状態。白元の事業を残していくためには開国が必要でした」

05年には、株式公開する方針を決断。翌年4代目に就任した鎌田は、「黒船」として証券会社のグループ企業から社外取締役を招き、監査役には上場会社の元役員と弁護士を迎えた。

子会社の整理を進め、07年4月にグループを4社に再編した。

「子会社の自立経営を促すと同時に、経営者育成の狙いもあります。次の社長は鎌田一族以外と考えていますが、同族企業のままでは本気で社長を目指す野心的な社員が出てこないからです」

就任3年目の鎌田は、上場後の発展を視野に入れた社内改革を続けている。

株式会社白元

所在地：東京都台東区東上野2―21―14
創業：1923年
資本金：23億4515万円
売上高：257億円（07年3月期）
従業員数：307人
業務内容：防虫剤・防臭剤などの製造販売

■白元の歩み

1923年　鎌田商会を創業
1950年　防虫剤「パラゾール」を発売
1979年　使い捨てカイロ「ホッカイロ」を発売
2000年　大正製薬より殺虫剤事業を譲渡
　現代版湯たんぽ「ゆたぽん」を発売

２００６年　酸素サプリメント「オーツーサプリ」を発売
２００７年　グループ企業を再編成

■鎌田 真プロフィール

１９６６年　埼玉県栗橋町に生まれる
１９９０年　慶應義塾大学経済学部卒業後に、都市銀行入行
１９９１年　㈱白元入社
１９９８年　ＭＢＡを取得
　　　　　　取締役マーケティング部長
２００６年　代表取締役社長に就任
趣味：食べ歩き
好きな言葉：エンパワーメント

■著者　清水泰（しみず・ゆたか）

明治大学卒業後、日刊ゲンダイ記者を経て、マスコミや談合問題などに取り組むフリーライターへ。98年より転職雑誌への執筆を始め、2003年4月に（有）ハッピー・ビジネスを設立。
共著に『コンサルタント独立開業ガイド』（ぱる出版）、執筆・編集協力に『図解　コンサルティング力養成講座』『図解　コンサルティング力養成講座〔青本〕』（パンローリング）、『14歳からの政治2』（ゴマブックス）などがある。現在、㈱ちばぎん総合研究所発行の『MANAGEMENT SQUARE』内の新企画「復活のシナリオ」取材・執筆を担当中。

2008年8月9日 初版第1刷発行

PanRolling Library ㉒

会社《かいしゃ》を継《つ》いだ男《おとこ》たち
――ドキュメント 2代目の挑戦

著　者　清水泰
発行者　後藤康徳
発行所　パンローリング株式会社
〒160-0023　東京都新宿区西新宿7-9-18-6F
TEL 03-5386-7391　FAX 03-5386-7393
http://www.panrolling.com/
E-mail　info@panrolling.com
装　丁　パンローリング装丁室
印刷・製本　株式会社シナノ

ISBN978-4-7759-3058-8